중소기업 CEO를 위한
참 쉬운 세금

중소기업 CEO를 위한
참쉬운 세금

개정 증보판 1쇄 발행 | 2015년 12월 20일
개정 증보판 2쇄 발행 | 2017년 2월 6일

지은이 | 손종성 · 전지환
펴낸이 | 박영욱
펴낸곳 | (주)북오션

편　집 | 허현자 · 이소담
마케팅 | 최석진
표지 및 본문 디자인 | 서정희

주　소 | 서울시 마포구 서교동 468-2
이메일 | bookrose@naver.com
페이스북 | facebook.com/bookocean21
블로그 | blog.naver.com/bookocean
전　화 | 편집문의: 02-325-9172　　영업문의: 02-322-6709
팩　스 | 02-3143-3964

출판신고번호 | 제313-2007-000197호

ISBN 978-89-6799-319-1 (13320)

이 도서의 국립중앙도서관 출판예정도서목록(CIP)은 서지정보유통지원시스템
홈페이지(http://seoji.nl.go.kr)와 국가자료공동목록시스템
(http://www.nl.go.kr/kolisnet)에서 이용하실 수 있습니다.
(CIP제어번호: CIP2017001024)

*이 책은 북오션이 저작권자와의 계약에 따라 발행한 것이므로 내용의 일부 또는
　전부를 이용하려면 반드시 북오션의 서면 동의를 받아야 합니다.
*책값은 뒤표지에 있습니다.
*잘못 만들어진 책은 구입하신 서점에서 교환해 드립니다.

중소기업 CEO를 위한
참 쉬운 세금

손종성·전지환 지음

북오션

머 | 리 | 말

세금, 제대로 알고 똑 소리 나게 내자

　사업을 하는 사람 혹은 사업을 시작하려는 사람이 고려해야 할 문제는 한둘이 아니다. 그중 가장 중요한 것이 바로 세금문제다. 규모가 크고 내부조직이 잘 갖춰진 기업의 경우 당연히 세무나 회계에 통달한 전문가가 따로 있기 때문에 별 문제가 없지만, 소규모의 사업자는 사정이 좀 다르다. 보통은 세금에 대한 지식이 없어 준비가 안 되어 있는 경우가 대부분이고 세무전문가를 고용해 활용하는 일도 드물다. 세금문제에 가장 취약하게 노출되어 있는 사람들이 바로 10인 이하의 근로자를 둔 소규모 사업자들이다.
　세금문제는 국가와 벌이는 정보와 지식의 싸움이라 할 수 있다. 정보와 지식에서 일방적인 열세에 있는 개인이 불리한 것은 어쩌면 당연한 일이다. 다만 정부에서 부과한 세금을 아무런 의심 없이 납부하는 것 또한, 잘못된 행동이라는 것을 알려주고 싶다.
　자신이 일궈낸 소중한 사업을 지켜야 할 사람은 바로 사장 당사자이다. 세금에 대해 미리 알고 준비하는 사람과 모르고 준비 없이 손놓고 있는 사람이 납부해야 할 세금에는 엄청난 차이가 나타날 수 있다. 그러므로 사전에 철저히 무장하고 준비해야 소중한 사업을 지킬 수 있고 또 지킬 자격이 있다.

예를 들어 막연히 '세무사한테 맡겼으니 뭐, 알아서 다 해주겠지'라고 생각하는 사장이 있고, 세무사에게 맡기더라도 평소 세금과 관련해서 회사가 안고 있는 문제가 무엇인지 파악하고 어떻게 대비해야 할지 고민하는 사장이 있다고 가정하자. 세금과 관련된 무수한 사업상의 의사결정을 할 때마다 세무사가 항상 곁에서 도와줄 수는 없다. 또한 이미 저질러놓은 일을 세무사가 처리해주는 데에도 한계가 있다.

따라서 사장이 평소 세무문제에 대한 지식이 없으면 중요한 순간에 실수를 해 회사에 큰 손실을 입힐 수도 있다. 반면 평소에 세무에 관심을 갖고 무장이 되어 있는 사장은 사업상의 의사결정을 할 때마다 자기 사업에 미치는 영향과 세금에 대해 개략적인 예상을 한 후 움직이기 때문에 실수를 할 확률이 낮다. 실수를 하더라도 경미한 정도에서 수습할 수 있다.

대기업과 같은 전문적인 세무팀이 없거나, 세무사를 항상 곁에 둘 수 없다면 급할 때 찾아볼 수 있는 책 한 권 정도라도 있어야 할 것이다. 이 책이 바로 이런 소규모 업체 사장님들이 급할 때 쉽게 찾을 수 있는 역할을 해주기를 소망해본다.

손종성 · 전지환

contents

머리말 04

part 1 사업은 세무에서 시작된다

01 사업을 시작하려면 세금부터 꼼꼼히 따져라 13
02 사업자가 내야 하는 세금의 종류 18
03 면세대상에 해당하는 사업의 종류 23
04 간이과세자가 세금혜택을 더 받는다? 29
05 사업하려면 사업자등록부터 하자 35
06 세금을 덜 내려면 동업을 하라 39
07 사무실 임대 시 확정일자는 꼭 받아라 43
08 특례규정을 이용해 증여세를 줄여라 48
09 업종별 유의해야 할 세금 뒤집어보기 52

part 2 내 회사를 지키기 위해 꼭 알아야 할 포인트

01 회사자금 꿰뚫어보기 61
02 세무조사, 두려워하지 말자 65
03 부정한 거래는 절대 하지 마라 70
04 특수관계자와의 거래를 조심하라 75
05 사업자 명의 절대 빌려주지 마라 79

part 3 사업의 기본 세금, 부가가치세

01 사업자 입장에서는 아까운 부가가치세 *85*

02 세금계산서, 제때 발행하고 제때 받자 *91*

03 인터넷으로 주고받는 전자세금계산서 *100*

04 세금계산서와 계산서 차이점 따져보기 *105*

05 매입세액으로 공제받기 위한 방법 *111*

06 부가가치세 미리 돌려받을 수 있다 *116*

07 과다한 매입은 피하라 *119*

08 사업장이 두 군데면 세금은 어떻게 낼까 *123*

09 봉사료도 원천징수를 받자 *126*

10 개별소비세란 무엇인가 *129*

11 판매가 아니더라도 개별소비세를 내는 경우 *133*

part 4 　많이 낼수록 좋은 소득세

01 소득세 개념 따라잡기 *139*

02 사업자는 사업소득을 알아야 한다 *145*

03 장부는 항상 꼼꼼히 정리하라 *150*

04 필요경비 비용 범위 파악해두기 *154*

05 사업이 어렵다면 중간예납추계액을 신고하라 *158*

06 사업과 관련 없어도 공제 가능한 소득공제 및 세액공제 *162*

07 사업자가 근로소득도 있다면? *172*

08 해외소득에 대한 세금 *176*

part 5 　회삿돈 당당하게 줄이는 법인세

01 법인세 개념 따라잡기 *181*

02 개인사업자가 좋을까, 법인사업자가 좋을까 *187*

03 개인사업 법인으로 바꾸기 *192*

04 세무조정을 통해 법인세 제대로 신고하기 *197*

05 주주지분을 변경할 때 해야 할 것들 *202*

06 중소기업이라면 법인세 혜택을 누려라 *205*

07 접대비, 무조건 경비 처리되는 것 아니다 *210*

08 기부금, 모두 경비로 인정받는 것 아니다 *214*

09 토지나 주택을 양도할 경우 내는 법인세 *220*

10 감가상각으로 세금 줄이기 *225*

| part 6 | 내실 있는 회사 만들기 위해 알아야 할 세무지식 |

01 근로계약서 제대로 작성하기 *233*

02 종업원 급여 지급 시 원천징수 잊지 마라 *236*

03 사업이 어려우면 세금납부를 연기하라 *242*

04 억울한 세금 돌려받기 *244*

05 세금이 많으면 분납을 활용하라 *247*

06 폐업해야 한다면 폐업신고와 세금신고는 필수! *254*

part 1
사업은 세무에서 시작된다

● 계속되는 경기침체로 인해 과거보다 퇴직자가 많아져 퇴직금이나 잔여자금으로 소규모 사업을 시작하는 사람들이 늘어나고 있는 추세다. 사업종목의 선택, 자금계획, 시장조사 등 자신의 생명과 같은 돈으로 사업을 시작하는 것이므로 사업에 실패를 하지 않기 위해 동분서주한다. 그러나 사업 시작과 동시에 신경 써야 할 세금문제에 대해서는 정작 간과하여 내지 않아도 될 세금을 내는 경우가 있다.

유능한 사업자란 자신이 운영하고 있는 업종에서 수익을 많이 발생시키는 사람이기도 하지만 회사돈이 새는 일이 생기지 않도록 세테크에 신경을 써야 한다. 사업과 세금은 뗄래야 뗄 수 없는 현실 속에서 사업자가 세금에 관심을 갖지 않는다면 현명하게 사업을 운영한다고 볼 수 없다.

이 장에서는 사업을 시작하려고 하거나 하고 있는 사람이 가장 먼저 염두에 두어야 할 기본적인 세금내용에 대해 알려주고자 한다. 사업자등록은 어떻게 해야 하는지, 사업을 하면서 내야 하는 세금은 어떤 것들이 있는지, 창업자금에 대한 자금출처는 어떻게 준비해야 하는지 등등.

명심하도록 하자. 사업의 출발은 '세금' 부터다.

01 사업을 시작하려면 세금부터 꼼꼼히 따져라

15년간 만년 과장으로 근무하던 이원상 씨는 회사를 퇴직하고 퇴직금과 대출금 등 모든 자금을 끌어모아 조그마한 장사를 시작할 계획이다. 그런데 어떤 장사를 할지만 정하면 되는 줄 알았는데 각 사업종류마다 세금문제가 다르며 그것에 따라 수익이 달라진다는 사실을 알게 되었다. 자신이 선택한 업종의 세금문제는 도대체 어디서부터 시작을 해야 할지 정리가 되질 않는다.

이원상 씨처럼 사업을 처음 시작하는 대부분의 초보사장들은 창업 시 세금문제까지 꼼꼼하게 챙기기가 쉽지 않다. 사업에 있어서 세금은 일종의 비용이다. 그것도 일단 모든 비용이 다 차감된 후의 소득에 대해서 발생하는 최후의 비용이다. 그리고 어떻게 대처하느냐에 따라 금액이 달라지는 변동성도 갖고 있기 때문에 사업하는 사람에게는 정말 어렵고 싫어도 마주할 수밖에 없는 대상이다. 그럼에도 불구하고 대부분 어떤 사업을 해야 할지만 고민하고, 사업을 하면서 발생하게 될 수많은 세금문제에 대해서 고민하는 경우는 드물다. 어떤 사업을 할 것인지 정하고 나면, 그 사업을 하기 위한 각종 인허가 문제나 세금문제 등을 어떻게 처리해야 하는지 알아야 한다. 그렇다면 사업 시작 시 세금과 관련해 먼저 생각해야 할 몇 가지 사항에 대해 알아보도록 한다.

내 사업이 중소기업 요건에 해당하는지 확인한다

국가에서는 중소기업을 육성하기 위해 많은 세제혜택을 두고 있다. 중소기업에 대한 세제혜택을 받으려면 자신의 회사가 중소기업에 속하는지를 먼저 판단해야 한다. 중소기업기본법에 의하면 중소기업의 요건을 충족하는 모든 업종을 중소기업으로 분류하고 있으나, 조세특례제한법에서는 제조업 등 특정 업종만 중소기업으로 분류하고 있다. 중소기업을 위한 세금혜택을 받기 위해서는 중소기업기본법과 세법의 기준을 모두 충족해야 한다. 단순히 어느 한 가지 기준을 충족한다고 해서 중소기업 세제혜택을 받을 것이라고 생각해서는 안 된다.(중소기업의 세제혜택에 대한 더욱 자세한 내용은 뒤에서 설명한다.)

차량 구입도 사업과 연관시켜 신중하게 한다

모든 업종에 공통되는 내용이지만 사업하는 데 있어서 차량 소유 여부는 상당히 중요하다. 차량을 구입할 때에도 신중할 필요가 있는데, 일단 부가가치세 공제대상인지 여부를 따져봐야 한다. 차량 구입과 관련한 부가가치세를 공제받지 못하면 차량 유지와 관련된 수선비, 소모품비, 유류비, 주차료 등에 관련된 모든 부가가치세 또한 공제받을 수 없기 때문이다. 따라서 차량을 구입할 때에는 먼저 차량 구입 시 지불한 부가가치세를 공제받을 수 있는지 여부를 판단한 후에 구입하도록 한다.

일반인들이 차량 구입을 하는 경우 부가가치세 공제대상인지 아닌지를 판단하기는 상당히 어렵다. 사람의 수송을 목적으로 제작된 일반형 승용차(지프형 포함), 캠핑용 자동차 및 개별소비세가 과세되는 승용차는 부가가치세법상 매입세액을 공제받을 수 없다. 또한 차종에 따라 개별소비세가 부과되기도 하는데, 이를 판단하는 가장 손쉬운 방법은 직접 자동차회사에 문의하는 것이다. 자동차 회사마다 승용차 종류도 다르고 차종도 다양하기 때문에 직접 문의하는 것이 가장 좋은 방법이다. 대체로 개별소비세가 과세되는 승용차는 배기량이 1,000cc를 초과하는 승용차와 캠핑용 자동차 등이다.

만일, 사업용으로 구입한 승용차의 구입비용이나 유지비용을 부가가치세법상 매입세액으로 공제받지 못했다고 하더라도, 소득세법이나 법인세법에서는 이러한 차량의 구입과 관련해 감가상각비로 처리하고 유지비용을 경비로 조정할 수 있으므로 각종 증빙자료 등을 잘 챙겨야 한다.

2016년 세법이 개정되어 업무용 차량에 대한 감가상각비, 수리비 등 비용 지출에 대한 추가적인 제재가 생겼다. 제재 대상은 법인 및 복식부기 의무자인 개인사업자이며, 적용시기는 법인 및 성실신고

확인 대상자는 2016년 1월 1일 이후부터, 복식부기 의무자는 2017년 1월 1일 이후이다. 적용 대상은 경차, 승합차, 택시 등 영업용 차량 외의 승용차와 관련된 감가상각비, 리스료, 유류비, 보험료, 수선비, 자동차세, 통행료 등의 비용이다.

법인의 경우 임직원 전용 자동차 보험에 가입해야 하며, 개인의 경우 임직원 전용 자동차 보험에 가입하지 않아도 된다.

법인과 개인사업자 모두 차량별로 차량 관련비용이 1000만 원을 초과하는 경우 운행기록부를 작성해야 하며, 운행일지 미작성시에는 1000만 원 초과분에 대한 비용은 인정되지 않는다. 또한 감가상각비와 처분손실은 연간 800만 원 한도로 비용 인정되며, 개정세법 적용 이후 취득하는 차량은 5년 정액법 상각이 의무화된다.

내 사업장 관할 세무서를 확인한다

사업을 진행하다 보면 여러 가지 종류의 세금이 부과된다. 차차 설명하겠지만 그런 세금들이 어디서 나오는지 정도는 미리 확인을 해야 한다. 부가가치세나 법인세가 나오는 곳은 내 사업장 소재지를 관할하는 세무서이고, 소득세가 나오는 곳은 주소지 관할세무서이므로 각각 어디가 관할세무서인지 알아둬야 각종 세금고지서가 나오더라도 당황하거나 혼란스럽지 않다.

한 가지 더!

● **사업을 시작할 때 꼭 따져봐야 할 인허가**

개인이든 법인이든 사업을 시작할 때에는 해당 업종이 인허가 대상인지를 파악해야 한다. 인허가가 필요한 사업의 경우 해당 절차를 밟지 않고는 사업자등록 자체를 할 수 없기 때문이다. 서비스업이나 도소매업은 업종 특성상 인허가 사항이 적기 때문에 사업개시 절차가 간단하여 점포나 사무실을 마련하고 사업자등록을 마치면 바로 사업을 시작할 수 있다. 그러나 전문지식이 필요한 업종, 공중위생과 관련된 업종, 사행행위 등 행정규정이 필요한 업종 등에 대해서는 각종 법률에 의해 시설기준이나 자격요건 등을 규정하고 있어 업종을 선택할 때 해당 업종에 관련된 법률에 의해 허가, 등록 및 신고가 필요한지 여부를 먼저 파악하는 것이 중요하다. 인허가에 대한 자세한 사항은 관할 행정기관 또는 정부기관의 민원실이나 해당 부서에서 쉽게 확인할 수 있다.

02 사업자가 내야 하는 세금의 종류

외근 후 회사에 돌아온 박승철 씨는 책상 위에 놓인 세금고지서 다섯 장을 보고 적잖게 당황했다. 이번 달 회사 운영비가 남는다고 생각했는데, 세금을 내고 나면 통장잔액이 제로라는 생각이 들자 허탈하기만 하다. 소득세, 부가가치세, 근로소득원천징수 등 여러 가지 종류의 세금을 내야 하는 것은 알고 있었지만, 매달 내는 세금 이외에 몇 달에 한 번씩 부과되는 세금에 대해 정확히 알지 못하거나 납부일을 놓치면 추징금을 더 내거나, 자금계획을 세워도 세금을 계산하지 못해 회사 운영 계획에 차질이 일어나기 때문이다. 박승철 씨는 대충 부가가치세는 1년에 4번, 소득세는 1년에 1번 내야 한다는 사실만 알 뿐이다.

사업을 하다 보면 여러 가지 세금을 접하게 되는데 정확히 자신이 내야 할 세금에 대해 모르면 박승철 씨처럼 낭패를 보는 경우가 있다. 그러나 사업자에게 매년 부과되는 세금 종류나 신고일은 정해져 있으므로 이에 대해 정확히 숙지하면 자금계획 수립 시 낭패를 보게 될 일은 없을 것이다. 사업자라면 자주 마주치게 되는 세금에 대해 한번 살펴보도록 하자.

분기마다 내는 부가가치세

우리나라 세금은 대략 30여 가지가 있다. 우선 세무서나 세관에서 관리하는 국세가 있고, 지방자치단체에서 관리하는 지방세가 있다. 사업을 하는 사람이라면 이 중에서 가장 먼저 접하게 되는 세금이 부가가치세다. 부가가치세를 낼 때 몇 가지 염두에 두어야 할 사항이 있다.

1_ 부가가치세는 1년에 4번 내는 세금이다. 1, 4, 7, 10월은 부가가치세를 신고·납부(환급)하거나 고지서에 의해 납부해야 한다. 단, 부가가치세가 면제되는 업종을 택한 면세사업자는 예외다. 면세사업자를 제외한 모든 사업자는 매년 1월과 7월에 부가가치세 확정 신고를 해야 한다. 그리고 4월과 10월에는 규모에 따라 신고를 하거나, 고지서에 의해 예정납부를 하게 된다.

2_ 부가가치세는 사업자가 부담하는 세금이 아니라 최종소비자가 부담하는 세금을 사업자가 대신 신고하고 납부하는 것이다. 이 개념을 모르면 부가가치세를 낼 때마다 지나치게 많은 금액이 책정되었다고 생각하게 된다. 예를 들어 식당에 가서 음식을 먹고 음식값으로 10,000원이 나왔다고 하자. 메뉴에 부가가치세 별도라는 문구가 있다면 음식값 10,000원과 부가가치세 1,000원을 합하여 11,000원을 지불하게 된다. 또는 부가가치세 별도라는 문구가 없이 그냥 10,000

원이라고만 했다고 해도 그중 10,000-(10,000÷1.1)에 해당하는 금액은 부가가치세다. 부가가치세를 부담하는 것은 소비자다. 그러나 소비자가 식당에서 식사를 할 때마다 세무서에 가서 세금을 낼 수 없으므로 이것을 사업자가 모았다가 대신 신고하고 납부하도록 만든 세금이 부가가치세다. 즉, 사업자가 대신 낼 뿐 사업자의 돈으로 내는 것이 아니다.

벌어들인 만큼 내는 개인소득세

매년 5월이 되면 대부분의 사업소득자는 종합소득세를 신고하느라 정신이 없다. 개인은 매년 5월에 지난해 동안 벌어들인 1년간의 총소득에 대해서 종합소득세를 신고해야 하기 때문이다. 부가가치세와 달리 소득세는 자신이 1년간 벌어들인 총 금액을 기준으로 법에서 정한 경비를 제외하고 남은 소득에 대해 내는 세금이다. 실제로 내가 얼마를 벌었는지 판단하는 척도가 되는 세금인 것이다.

소득세는 본인 소득에 대하여 1년치를 계산해서 내는 세금이기 때문에 경우에 따라서는 금액이 커서 부담스러울 수도 있다. 그래서 사업소득자인 경우에는 올해 5월에 낸 세금 금액의 2분의 1을 올해 11월에 고지서로 미리 납부하면, 그 금액만큼 다음해 5월에 신고하고 납부할 세금에서 공제받을 수 있다. 즉, 사업소득자 소득세는 매년 5월과 11월에 내야 한다는 것을 염두에 두면 된다. 일반적인 사업자의 경우 사업소득에 대해서만 세금을 납부하면 되고, 사업소득 외에 다른 소득이 있는 경우에는 그 소득도 함께 신고한다.

법인도 사람으로 취급해서 법인세를 낸다

법인은 말 그대로 법에서 인격을 부여하여 마치 사람처럼 모든 경제행위나 법률행위를 할 수 있는 주체를 의미한다. 세금도 법인에 대해서는 법인세를 과세한다. 이는 개인 소득에 대하여 소득세를 매기는 것과 크게 다르지 않다. 즉, 사업 형태를 개인사업자로 하면 소득세를 내야 하고, 법인사업자로 하면 법인세를 내게 되는 것이다.

법인세는 소득세처럼 소득유형별로 분류해서 세금계산을 하는 것이 아니라, 일괄적으로 모든 소득을 다 합해서 계산한다. 쉽게 생각하면 비빔밥 같은 것이다. 그릇에 밥과 다양한 나물을 넣고 쓱쓱 비벼서 먹는 것처럼 단순하게 모든 소득을 익금(이익금)이냐, 손금(손실금)이냐로 판단하여 결과적으로 이익이 났는지 손실이 났는지만 따진다. 법인은 소득의 구분 없이 돈이 들어오면 익금, 나가면 손금이라는 용어를 쓴다. 법인세는 법인이 정한 결산시기에 따라 다르지만 대부분 매년 3월 말에 결산하여 법인세를 신고하고 납부하게 된다.

그 외에 다른 세금들

사업을 하면서 항상 고민해야 하는 세금으로는 부가가치세와 소득세 및 법인세가 있다. 그리고 소득세와 법인세에는 항상 지방소득세라는 것이 따라붙는다. 이 밖에도 사업을 하다 보면 일의 종류에 따라 또 다른 세금이 존재한다. 예를 들어 값비싼 물품이나 유흥업소를 경영한다면 개별소비세를 고려해야 하고, 새로운 자산을 구입하거나 법인의 임원을 등록하는 경우에는 취득세 및 등록면허세를 부담해야 한다.

| 사업자가 내야 하는 세금 |

구분	납부기한
부가가치세	1월 25일, 4월 25일, 7월 25일, 10월 25일
법인세	사업연도 종료일이 속하는 달의 말일로부터 3개월 이내
종합소득세	5월 31일(성실신고확인대상 사업자는 6월 30일)
원천징수세	매월 10일

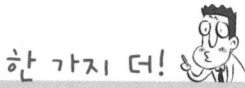

● 부가가치세 탈세가 가장 엄중한 처벌을 받는 이유

세금을 내지 않으면 국가로부터 다양한 제재를 받게 된다. 부가가치세에 대한 탈세는 검찰에 고발하는 등 엄중한 처벌을 받는다. 부가가치세는 최종 소비자가 부담하는 간접세이므로 사업자는 최종 소비자 대신 세무서에 세금을 신고하고 납부한다. 따라서 부가가치세를 탈세한다는 것은 국가로 들어가야 할 돈을 횡령하는 것일 뿐만 아니라 세금구조를 파괴하는 행위다. 부가가치세 신고 시 매출이나 매입은 사업자가 신고해야 할 소득세의 수입금액, 비용과 직결되므로 부가가치세의 탈세는 소득세의 탈세와도 연결된다. 이처럼 부가가치세 탈세는 사업자들이 결코 가볍게 생각할 세금이 아니라는 사실을 명심하자.

03 면세대상에 해당하는 사업의 종류

식품공장을 운영하고 있는 손병희 씨는 인근 염전에서 구입한 소금을 가공하여 맛소금을 생산한 후 백화점에 공급하고 있다. 소금은 부가가치세 면세 품목이므로 소득세만 신경 쓰면 된다고 생각한 손병희 씨는 부가가치세를 신고하거나 납부한 적이 한 번도 없다. 하지만 종합소득세 신고기간에 세무서를 방문한 백창현 씨는 뜻밖의 이야기를 들었다. 맛소금은 부가가치세를 내야 하는 품목이며, 지금까지 부가가치세를 한 번도 납부하지 않았으므로 조만간 가산세를 포함한 세금고지서가 발송될 것이라는 내용이었다. 부가가치세 면세 대상인 소금을 취급했는데 왜 부가가치세를 내야 할까?

과세와 면세의 구분은 부가가치세가 매겨지느냐 아니냐에 따라 구분된다. 부가가치세를 매기면 과세요, 안 매기면 면세인 것이다. 부가가치세 품목에 해당이 되느냐 아니냐의 구분은 부가가치세법에서 명시하고 있기 때문에 사업을 시작할 때 자신이 취급하는 사업내용이 부가가치세 과세대상인지 아니면 면세대상인지를 먼저 파악해야 손병희 씨처럼 갑작스럽게 가산세를 물게 되지 않는다.

사업자가 사업자등록 신청을 할 때 면세사업자로 등록하느냐, 과세사업자로 등록하느냐에 따라 납세의무가 다르다. 즉, 과세사업자로 등록을 하게 되면 앞에서 말한 부가가치세와 소득세 납세의무를 모두 이행해야 하며, 면세사업자로 등록하게 되면 소득세 납세의무만을 이행하면 된다.

과세사업은 다시 10% 세율이 적용되는 부분과 0% 세율이 적용되는 부분으로 구분할 수 있다. 대부분의 과세물건에는 10%의 세율을 적용하지만 몇몇 특정 과세물건에 대해서는 0%의 세율을 적용하는데, 이를 영세율이라고 한다. 영세율이 적용되면 거래단계에서 매출세액과 매입세액이 전혀 발생하지 않으므로 완전면세라고도 한다. 이 제도는 수출업자에게 수출금융을 지원하고 외국인 관광객들이 구입하는 물품에 영세율을 적용함으로써, 외화획득에 기여하는 업종에 혜택을 주자는 조세정책의 목적을 달성하기 위해 마련된 것이다. 외국으로 수출하는 재화는 외국에서 관세를 부과한다. 그런데 우리나라에서 수출할 때도 세금을 매긴다면 외국의 같은 재화와 가격경쟁에서 밀릴 가능성이 크다. 그래서 수출하는 재화에 대해서는 우리나라의 세금을 덜어 부담 없이 내보내기 위해 영세율을 적용한다.

영세율 적용대상은 국제거래가 대부분인데 주로 수출하는 재화나 국외에서 제공하는 용역, 선박 또는 항공기의 외국항행용역, 그 외 외화획득을 위한 재화 또는 용역을 공급하는 경우 영세율을 적용한다. 영세율이 적용되는 거래는 세율이 0%일 뿐이지 과세대상에 해당하므로 부가가치세법상 모든 납세의무는 다른 과세대상과 마찬가지로 꼭 이행해야 한다.

과세, 면세 적용대상은?

부가가치세는 재화나 용역의 공급, 재화의 수입에 대해 적용하는 세금이다. 쉽게 말해 물건을 팔거나 타인을 위해 일을 해주거나 외국에서 물건을 수입하는 경우에는 부가가치세가 과세된다. 따라서 단순히 재화를 가지고 있다고 해서 부가가치세를 내는 것이 아니라 재화를 다른 사람에게 공급할 때 낸다.

외국에서 재화를 수입하는 경우도 있는데, 이에 대해서도 과세대상으로 지정하여 부가가치세 납세의무를 부여한다. 재화의 수입이란 외국에서 우리나라에 도착한 물품이나 수출신고가 수리된 물품을 우리나라에 인취(재화를 인도받아 반입하는 행위)하는 것을 말한다.

1_ 소금은 면세, 맛소금은 과세

면세 재화나 용역을 취급하는 사업자를 면세사업자라고 한다. 면세사업자는 부가가치세가 면제될 뿐 법인세나 소득세는 일반사업자와 동일하게 납부해야 한다. 면세대상 품목은 여러 가지가 있으나 사업자가 혜택을 볼 수 있는 대표적인 것으로는 미가공 식료품을 들 수 있다. '미가공' 이란 가공을 전혀 하지 않았거나 정미, 제분, 정육, 건조, 냉동 등 생산물의 본래 성질이 변하지 않는 정도의 1차 가공만

거친 상태를 말한다. 예를 들어 복숭아는 미가공된 농산물이므로 면세대상에 해당하나, 복숭아를 가공하여 통조림 형태로 판매했다면 과세대상으로 분류된다. 마찬가지로 소금은 면세지만 소금을 가공한 맛소금은 과세대상에 해당한다.

부가가치세법상 면세대상은 다음과 같다.
① 미가공 식료품 및 미가공 농·축·수·임산물
② 수돗물
③ 연탄과 무연탄
④ 여성용 생리처리 위생용품
⑤ 여객운송용역(대통령령으로 정하는 것은 제외)
⑥ 주택과 이에 부수되는 토지의 임대용역
⑦ 의료보건용역(일부 미용 목적 성형수술, 동물진료 용역 제외)
⑧ 교육용역, 도서관 및 박물관 등의 입장
⑨ 도서, 신문, 잡지, 관보 및 뉴스통신(광고 제외)
⑩ 예술 및 문화와 관련된 행사
⑪ 토지
⑫ 금융보험용역
⑬ 저술가 및 작곡가 등 직업상 제공하는 인적용역
⑭ 우표(수집용 우표 제외), 인지, 증지, 복권, 공중전화
⑮ 담배사업법 제2조에 따른 담배로서, 대통령령으로 정하는 것
⑯ 공익목적단체, 국가, 지방자치단체 등이 공급하는 재화 또는 용역

2_ 토지 공급은 면세, 임대는 과세

토지는 부가가치세법상 면세대상에 해당한다. 따라서 토지를 공급(양도)하는 경우에는 부가가치세를 부담하지 않으며 토지와 건물을 동시에 공급하는 경우에는 토지 분을 제외한 건물 분에 대해서만 부가가치세를 부담한다. 그러면 토지의 임대도 면세대상일까? 토지의 공급, 즉 토지를 파는 것은 면세대상이지만 토지의 임대는 용역(서비스) 공급으로 취급하기 때문에 부가가치세를 납부해야 한다. 따라서 토지를 공급하는 것과 토지를 임대하는 것은 부가가치세법상 큰 차이를 두고 있다. 부동산임대업을 하는 사업자라면 여기에 주의를 해야 한다. (주택부수토지 임대와 논·밭·과수원 등은 과세 제외)

한 가지 더!

● **재화**
재산 가치가 있는 모든 것을 뜻하는 것으로, 눈에 보이는 것만 의미하는 것이 아니라 그렇지 않은 것도 재화로 본다. 예를 들면, 물건을 파는 일 외에 전기를 공급하는 일도 재화의 공급에 해당한다. 재화 중 유체물에 해당하는 것은 상품, 제품, 기계, 건물 등이고 무체물에 해당하는 것은 동력, 열, 관리할 수 있는 자연력, 권리 등이다. 이 같은 재화를 공급하기 위해서는 부가가치세를 내야 한다. 단, 면세대상에 해당하는 품목은 제외된다.

● **용역**
재화를 제외한 다음의 사업에 해당하는 모든 역무나 기타 행위를 뜻

한다. 쉽게 말해 용역의 공급이란 타인이 해야 할 어떤 일을 대신 해주는 것으로 건설업, 숙박 및 음식점업, 운수업, 통신업, 금융 및 보험업, 사업서비스업, 부동산업 및 임대업, 공공행정, 국방 및 사회보장행정, 보건 및 사회복지사업, 오락문화 및 운동 관련 개인서비스업, 교육서비스업, 가사서비스업, 국제 및 외국기관의 사업 등이다. 용역을 공급할 때 대가를 수반하지 않는 경우에는 부가가치세를 낼 필요가 없다. (다만 용역의 무상공급 중 특수관계자 간 사업용 부동산 무상 임대용역에 대해서는 과세)

● 면세사업자라고 무조건 유리한 것은 아니다

면세사업자는 부가가치세를 부담하지 않아도 되므로 사업자 입장에서는 과세보다 무조건 유리하게 보일 수도 있다. 하지만 사실 꼭 그렇지만은 않다. 면세사업자는 매입세액을 공제받을 수 없기 때문에 영세율을 적용받아 매입세액을 환급받는 과세사업자보다 불리한 경우도 있다. 면세사업자가 수출하는 물품을 취급하는 경우에는 면세포기규정을 통해 과세사업자로 전환할 수 있다. 단, 면세포기신고를 한 경우에는 신고한 날로부터 3년간 면세사업자로 전환할 수 없으므로 면세포기신청을 할 때는 신중하게 결정해야 한다. 매입세액으로 인해 환급받는 것이 유리한 것인지 면세사업자로 남는 것이 유리한 것인지 잘 판단하여 최대한 절세효과를 누리도록 하자.

04 간이과세자가 세금혜택을 더 받는다?

형제지간인 서상섭 씨와 서상준 씨는 다니던 회사를 그만두고 각자 서로 다른 곳에서 식당을 시작했다. 서상섭 씨는 세무서에서 간이과세자로 사업자등록을 냈고, 서상준 씨는 형과는 달리 일반과세자로 사업자등록을 냈다. 며칠 뒤 서로의 근황을 묻기 위해 동생이 형에게 전화를 걸었다. 이것저것 사업에 대해 이야기를 하다 서로 사업자등록 유형이 다르다는 사실을 알게 되었다. 그러나 서상준 씨는 사업형태가 같으므로 부가가치세만 꼬박꼬박 납부하면 차이점이 없을 거라고 생각했다.

부가가치세는 과세 여부에 따라 과세사업자와 면세사업자로 구분한다고 했다. 부가가치세가 과세되는 사업자는 다시 일반과세자와 간이과세자로 구분된다. 이는 1년간의 공급대가(부가가치세 포함)를 기준으로 구분되는데 1년간 공급대가가 4,800만원 미만인 경우에는 간이과세자로 분류하고, 4,800만원 이상인 경우에는 일반과세자로 분류한다. 사업을 처음 시작하는 경우에는 사업자등록 신청 시 사업자가 임의로 일반과세자와 간이과세자 중에서 선택할 수 있다. 처음에는 간이과세자로 신청을 했지만 1년 기준 공급대가가 4,800만원 이상이 되는 경우에는 간이과세자에서 일반과세자로 자동 변경된다. 또한 1년 기준 공급대가가 4,800만원 미만인 일반과세자는 다시 간이과세자로 변경할 수도 있다. 즉, 간이과세제도는 사업규모가 영세한 사업자에 대하여 납세의무 이행의 편의를 제공하고 세부담 등을 덜어주기 위하여 공급대가에 업종별 부가가치율 및 세율을 적용하여 납부할 수 있는 제도이다.

그렇다면 사업자 유형에 따라 부가가치세는 어떻게 계산할까? 다음 표를 통해 알아보자.

| 사업자 유형에 따른 부가가치세 |

구분	기준금액	세액계산
일반과세자	연간 공급대가 4,800만원 이상	매출액 × 10% − 매입세액 = 납부세액
간이과세자	연간 공급대가 4,800만원 미만	공급대가 × 업종별 부가가치율 × 10% − 공제세액 = 납부세액

일반과세자는 세금계산서를 발급할 수 있으며 매입 시 받은 세금계산서로 매입세액 공제를 받을 수 있고 부가가치세법상 모든 협력의무를 이행해야 한다. 납부세액은 매출세액에서 매입세액을 차감하여 계산한다.

간이과세자의 납부세액은 일반과세자와 달리 공급대가의 10% 금액에 업종별 부가가치율을 곱한 후 공제세액을 차감하여 계산한다. 업종별 부가가치율은 다음과 같다.

| 간이과세자의 업종별 부가가치율 |

종 전		개 정	
업종	부가가치율	업종	부가가치율
제조업	20% (단, 소매업은 14년까지 15%)	전기, 가스, 중기, 수도	5%
전기, 가스, 중기, 수도		소매업	10%
소매업		재생용 재료수집 및 판매업	
재생용 재료수집 및 판매업		음식점업	
농업, 임업, 어업	30%	제조업	20%
건설업		농업, 임업, 어업	
부동산임대업		숙박업	
기타 서비스업		운수 및 통신업	
음식점업	40%(단, 음식 숙박업은 14년까지 30%)	건설업	30%
숙박업		부동산임대업	
운수 및 통신업		기타 서비스업	

※ 변경된 부가가치율은 2013. 2. 15일이 속하는 과세기간 분부터 적용
　(간이과세자의 경우 2013년부터 1년에 1번 부가가치세를 신고하므로 2013년분은 2014년 1월
　에 부가가치세를 신고하고 이때부터 변경된 부가가치율을 적용)

누구나 간이과세자가 될 수는 없다

연간 공급대가가 4,800만원 미만이라고 하더라도 누구나 간이과세자가 될 수 있는 것은 아니다. 간이과세자로 등록하지 못하는 업종이 있다. 사업자등록을 할 때 다른 일반과세 사업장을 보유하고 있는 경우에는 간이과세 배제사유에 해당하여 연간 매출액이 4,800만원에 미달하더라도 간이과세자로 적용받을 수 없다. 그리고 변호사업, 심판변론인업, 변리사업, 법무사업, 공인회계사업, 세무사업, 경영지도사업, 기술지도사업, 감정평가사업, 통관업, 기술사업, 건축사업, 도선사업, 측량사업, 기타 이와 유사한 사업서비스업 등의 전문적 사업서비스업 또한 간이과세자로 등록할 수 없다. 이 밖에 대표적인 간이과세 배제업종은 다음과 같다.

① 간이과세가 적용되지 않는 다른 사업장을 보유하고 있는 경우
② 광업
③ 제조업
④ 부동산 매매업
⑤ 일정한 부동산 임대업
⑥ 개별소비세 과세 유흥장소를 영위하는 사업
⑦ 전문적 사업서비스업
⑧ 사업장 소재지역, 사업의 종류, 규모를 감안한 국세청장이 정하는 사업
⑨ 재화의 공급으로 보지 않는 사업의 양도에 의해 일반과세자로부터 양수한 사업

일반과세자와 간이과세자가 내야 할 부가가치세

그러면 간이과세자는 무조건 세금 측면에서 유리한 것일까? 일반과세자라고 해서 무조건 나쁜 점만 있는 것이 아니고 간이과세자라고 해서 무조건 좋은 점만 있는 것이 아니다. 예를 들어 매출액이 1,000만원이고(단, 간이과세자는 공급대가임) 매입세액이 80만원일 때 일반과세자와 간이과세자(업종별 부가가치율 30%로 가정)의 부가가치세는 다음과 같다.

(단위 : 원)

구분	일반과세자	구분	간이과세자
(+) 매출세액	10,000,000 × 10% = 1,000,000	(+) 납부세액	11,000,000 × 30% × 10% = 330,000
(−) 매입세액	800,000	(−) 세액공제	800,000 × 30% = 240,000
(=) 납부세액	1,000,000 − 800,000 = 200,000	(=) 납부세액	330,000 − 240,000 = 90,000

표를 통해 알 수 있듯이 같은 내역이라면 일반과세자보다 간이과세자가 세 부담 측면에서 유리하다. 이는 간이과세자에게 업종별 부가가치율이 적용되기 때문이다.

만약 사업 초기시점이라 매출액(단, 간이과세자는 공급대가임)보다 매입액이 더 많은 경우를 가정해보자. 매출액이 1,000만원(공급대가 1,100만 원)이고 매입액이 1,500만원일 때 일반과세자와 간이과세자(업종별 부가가치율 30%로 가정)의 부가가치세 차이는 다음과 같다.

(단위 : 원)

구분	일반과세자	구분	간이과세자
(+) 매출세액	10,000,000 × 10% = 1,000,000	(+) 납부세액	11,000,000 × 30% × 10% = 330,000
(−) 매입세액	15,000,000 × 10% = 1,500,000	(−) 세액공제	15,000,000 × 30% × 10% = 450,000
(=) 납부세액	1,000,000 − 1,500,000 = − 500,000	(=) 납부세액	330,000 − 450,000 = − 120,000

표를 통해 알 수 있듯이 매출액보다 매입액이 많은 경우에는 일반과세자와 간이과세자 모두 세금이 음수로 계산되었다. 그러나 여기서 일반과세자와 간이과세자 간에 차이가 있다. 일반과세자는 납부세액이 음수가 나온 경우에는 환급을 받을 수 있지만, 간이과세자는 납부세액이 음수가 나오더라도 환급을 받을 수 없다.

따라서 사업을 시작할 때 매출액보다 매입액이 많을 것으로 예상되는 경우에는 간이과세자로 사업자등록을 하는 것보다 일반과세자로 사업자등록을 해서 부가가치세를 환급받는 것이 더 유리하다. 사업을 시작할 때는 어떤 유형으로 할 것인지 잘 판단한 후 사업자등록을 하는 것이 세 부담 측면에서 유리하다. 단, 간이과세자의 경우 해당 과세기간에 대한 공급대가의 합계액이 2,400만 원 미만인 경우에는 신고·납부 규정에도 불구하고 납부 의무를 면제한다.

05 사업하려면 사업자등록부터 하자

사업을 시작한 지 얼마 안 된 김충곤 씨는 길거리에서 이제 막 쇼핑몰을 오픈한 후배를 만났다. 새로 시작한 지 얼마 안 된 사업의 CEO로서 서로의 애로사항을 털어놓기 시작했다. 그런데 그 후배는 장사가 얼마나 될지의 여부에 대해서만 고민하지 세금에 대해서는 전혀 걱정이 없다고 했다. 이유인즉슨 사업자등록 신청을 하지 않았다는 것이다. 쇼핑몰은 그렇게 사업을 시작하는 사람이 많다면서 말이다. 사업자등록을 신청하지 않아도 과연 사업이 가능할까?

사업자등록을 신청하지 않는 채 사업을 하는 것은 화염병을 안고 불구덩이에 뛰어드는 것처럼 위험한 발상이다. 결론적으로 말하자면 사업을 시작할 때에는 반드시 사업자등록을 신청하고 사업을 시작해야 한다. 사업자등록이란 사업자의 인적사항과 사업사실 등의 기본 과세자료를 관할 세무서에 등록하는 하나의 행정행위를 말한다. 사람으로 치면 출생신고에 해당하는 것이다. 사업자등록은 사업개시일로부터 20일 내에 신청해야 한다. 만약 두 개의 사업장이 있다면 두 사업장을 각각 관할 세무서에 사업자등록을 해야 한다.

사업을 시작하기 전에도 사업자등록을 할 수가 있는데, 이 경우 상품이나 기계장치 등을 구입하는 등 사업 준비기간 중에 발생하게 되는 비품 구입비 및 건물 등을 분양받을 때 발생하는 부가가치세에 대해 환급을 받아 창업 시 소요되는 자금 부담을 덜 수 있다.

사업자등록 시 필요한 서류

사업자등록을 신청하는 경우에 개인회사든 법인회사든 공통적으로 임대차계약서 사본(사업장을 임차하여 사용하는 경우)과 사업자등록신청서 및 인감도장이 있어야 한다. 사업자등록신청서는 국세청 홈페이지에서 다운로드받거나 세무서에 본인이 직접 방문하여 작성할 수도 있다. 또한, 세무사를 선임하여 신청하는 방법도 있다.

개인회사는 사업장을 갖추고 회사명과 대표자를 정한 후 사업장 관할 세무서에 사업자등록을 신청하면 된다. 법인회사의 경우는 법인등기부등본, 정관, 주주명부가 있어야 한다. 그리고 해당 사업이 법령에 의해 허가, 등록, 신고 등을 해야 하는 사업이라면 추가로 허가증, 등록증, 신고필증 사본이 있어야 한다.

사업자가 사업자등록을 신청하는 경우 사업장관할세무서장은 등록번호가 부여된 사업자등록증을 교부한다. 만약 사업자가 사업자등록증을 훼손하거나 분실하는 등의 사유로 사업자등록증을 재교부받고자 하는 경우에는 사업자등록증 재교부신청서와 사업자등록증 원본을 제출하면 된다. 또한, 세무서에 갈 때는 반드시 사업자의 신분증을 지참해야 하며, 불가피하게 대리인에게 의뢰할 경우에는 위임장이 있어야 한다.

　사업자등록에 필요한 서류를 지참한 사업자가 세무서에 사업자등록 신청을 하게 되면 세무서장은 신청일로부터 3일 이내에 사업자등록증을 발급해준다. 그러나 사업장시설이나 사업현황을 파악하기 위해 5일 이내에 발급기한을 연장하여 조사한 후 결과에 따라 사업자등록증을 교부하는 경우도 있다. 이는 위장사업자 방지를 위해 사업자등록 신청내용을 면밀히 조사·검토하여 사업자등록증을 내주겠다는 의미이다. 실제로 사업을 개시하지 않을 것으로 판단되는 경우에는 사업자등록이 거부되는 경우도 있다.

사업자등록을 하지 않으면 가산세를 내야 한다

　사업자가 기한 내에 사업자등록을 신청하지 않을 경우에 업무 개시일로부터 등록신청일 직전일까지의 공급가액에 대하여 미등록가산세를 부담해야 된다. 미등록가산세율은 공급가액의 1%다. 사업자등록을 하지 않고 사업을 하게 되면 매출 및 매입과 관련한 영업내용이 모두 무자료로 거래될 것이다. 이것은 모두 매출누락에 해당하므로 발각되면 무거운 세금과 가산세 등이 부과되어 사업을 못하게 되는 경우까지 발생할 수 있다. 따라서 사업을 시작하면 반드시 사업자등록부터 해야 한다. 이러한 경우 외에 사업자등록 또는 사업자등록

정정 신청을 하지 않는 경우에도 조세범처벌법의 규정에 의해 50만원 이하의 벌금 또는 과태료에 처해지게 된다.

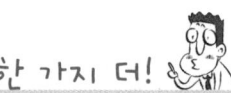

● 창업하기 전 사업자등록을 할 경우 필요한 서류
사업허가증, 사업등록증, 신고필증이 없는 상태이므로 사업허가신청서 사본, 사업등록신청서 사본, 사업신고서 사본을 제출하면 된다. 그러나 법인사업자의 경우에는 신설법인의 사업자등록신청은 법인설립신고와 병행해야 한다.

06 세금을 덜 내려면 동업을 하라

창업을 준비하고 있는 석진혁 씨는 처음에 예상했던 것보다 많은 자금이 필요해지자 부족한 돈을 구하기 위해 여기저기 뛰어다니기 시작했다. 그러던 중 아는 후배가 자기와 함께 동업을 해보는 게 어떻겠냐는 제안을 해왔다. 제안을 받은 석진혁 씨는 동업이 절세에도 유리하다는 사실을 알게 되었다. 과연 얼마나 유리할까?

동업을 하게 될 경우 발생할 수 있는 수익배분 문제나 일의 분담 문제 등 자칫 감정이 상할 수 있는 여러 가지 사항을 배제하고, 순수하게 절세 측면에서만 본다면, 혼자서 사업할 때보다 유리한 점이 많다. 소득세 세율체계는 과세표준의 구간마다 누진세율이 적용되기 때문에 동업을 하게 되면 혼자 사업을 하는 것보다 낮은 세율이 적용되어 절세 효과를 얻을 수 있다. 즉, 소득을 분산시키는 효과가 있어 낮은 세율이 적용되므로 유리하다는 것이다. 예를 들어 갑 혼자서 사업을 하는 경우와 갑, 을이 각각 50%를 출자하여 동업을 하는 경우를 가정해보자. 만약 이들이 한 해 벌어들인 사업소득이 1억원이라고 가정한다면 각각의 경우 발생하는 세금은 다음과 같다.

① 갑 혼자 사업을 하는 경우의 세금
   갑 : 100,000,000 × 35% - 14,900,000 = 20,100,000

② 갑(50%), 을(50%)이 동업을 하는 경우의 세금
   갑 : 50,000,000 × 24% - 5,220,000 = 6,780,000
   을 : 50,000,000 × 24% - 5,220,000 = 6,780,000
   갑 + 을 = 13,560,000

결과를 통해 알 수 있듯이 혼자 사업을 하는 것보다 동업을 하는 경우 654만원(= 20,100,000 - 13,560,000)의 절세효과를 가져다준다.

특수관계자 간의 동업은 인정하지 않는다

동업을 하게 되면 소득이 분산되기 때문에 절세효과가 있는 것은 분명하다. 그러나 이를 악용하여 자신의 배우자나 친족을 허위로 동업자로 정하는 경우에는 소득분산을 인정하지 않는다. 소득세법은 사업자와 배우자, 형제자매 등 특수관계에 있는 자가 동업자에 해당하는 경우로서 손익분배비율을 허위로 정하는 등의 사유가 있는 때에는, 손익분배비율이 따로 정해져 있더라도 특수관계자의 소득금액

은 주된 사업자의 소득금액으로 보아 소득세를 계산한다. 즉, 대표자 한 명이 단독으로 사업을 하는 것으로 간주해 세금을 계산한다.

가령 갑과 을이 각각 50%의 지분을 출자하여 동업을 하고 있다고 하자. 그리고 사업소득에 대한 세금이 1억원 발생했다면 각각 출자한 비율대로 갑 5,000만원, 을 5,000만원의 세금을 부담하게 된다. 그러나 갑이 1억원의 세금을 모두 납부한 경우 을의 납부의무가 모두 사라지게 된다면 이를 연대납세의무라고 한다. 공동사업 합산과세가 적용되는 경우에는 연대납세의무가 주어진다. 즉, 앞의 가정처럼 갑이 비록 자신의 소득비율에 대한 소득세 5,000만원을 납부하더라도 을이 세금을 내지 않으면 갑도 그 책임이 없어지지 않는다는 의미다. 더구나 이 경우에 실제로는 갑이 사업을 하면서 세금을 줄이기 위해 을과 허위로 공동사업자등록을 한 것이 발각되면 모두 갑의 소득으로 다시 세금계산을 하고 무거운 가산세도 부담하게 되므로 주의해야 한다.

단, 특수관계자 사이에 있더라도 동업을 인정하는 경우가 있는데 이 경우에는 동업계약서를 제출하면 된다. 이 동업계약서에 초기 출자비율 및 자금처리와 소득금액에 대한 배분처리를 명확히 기재하면 세무서의 오해를 사지 않는다.

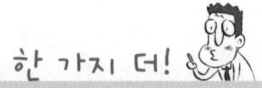

● 동업하는 경우보다 절세를 할 수 있는 더 좋은 방법

절세 측면으로만 본다면 동업 외에 더 좋은 방법이 있다. 갑을 대표자로 설정하고 을과 병을 직원으로 하여 사업을 하는 것이다. 그 이유는 을과 병에 지급하는 인건비를 모두 필요경비로 인정받을 수 있기 때문에 세금 측면에서 가장 유리하다. 단, 근로자의 경우에는 4대 보험에 대한 보험료가 추가적으로 지출되기 때문에 이러한 부분도 고려하여 동업으로 할지 직원으로 신고할지 신중히 결정해야 한다.

07 사무실 임대 시 확정일자는 꼭 받아라

최근에 제과점을 오픈한 박상철 씨는 두 명의 종업원과 함께 열심히 장사를 하자 서서히 단골손님이 생기기 시작했다. 또한, 가게 주변에 지하철이 새로 개통되면서 상권이 형성되었다. 손님이 늘어나서 좋기는 했지만, 박상철 씨에게는 또 다른 걱정거리가 생겼다. 만약 자신의 가게가 번창하는 것을 보고 건물주인이 임대료를 터무니없이 많이 인상한다든지, 건물주의 세금 체납으로 건물이 경매로 넘어가 임대기간이나 보증금에 문제가 발생할 경우에는 대처할 방법이 없기 때문이다. 이런 위험요소에 대해 어떻게 대비해야 할까?

창업을 할 때 자금에 여유가 있어 사무실을 매입하는 경우라면 별 문제가 없지만 대부분의 사업자들은 처음 사업을 시작할 때 사무실을 임차하게 된다. 사무실을 임차하는 경우에는 보증금을 지불하고 월임대료를 계약서에 명시하게 되는데, 좋은 건물주를 만나 상가 임대인과 임차인 사이에 아무런 분쟁이 일어나지 않으면 좋겠지만 상가 임대인이 갑자기 임대료를 지나치게 인상하려 한다거나 상가건물이 부득이하게 경매에 넘어가 보증금을 한 푼도 챙기지 못하는 사례가 발생하는 경우가 있다. 이와 같은 임차인의 불이익을 방지하기 위해 정부는 상가임대차보호법을 시행하고 있는데 다음과 같은 내용을 보장한다.

임대기간을 보장받을 수 있다

상가임대차보호법에 의해 임차인은 임대차 존속기간을 보장받는다. 임차인이 임대차기간 만료 전 6월부터 1월 사이에 계약 갱신을 요구하면 임대인은 정당한 사유 없이 이를 거절할 수 없다. 따라서 임대차 기간이 5년간 보장된다. 그러나 임차인이 임대료를 3회 이상 연체하거나 임대인의 동의 없이 임의로 임차인이 임대인의 지위에서 다른 사람과 다시 임대차계약을 맺는 등의 행위(이를 '전대'라 함)를 하는 경우에 임대인은 계약갱신 요구를 거절할 수 있다.

사업자등록을 마치고 관할세무서에서 확정일자를 받은 경우에는 임차하고 있는 상가가 경매나 공매로 매각되더라도 임차건물의 매각대금에서 후순위권리자보다 우선하여 보증금을 변제받을 수 있다. 즉, 확정일자를 받으면 상가건물을 임차하는 사업자에게 보증금을 안전하게 보호받을 수 있다. 따라서 사업자등록 신청을 할 때에는 반드시 임대차계약서에 확정일자를 받아두어야 한다.

만약 임차기간 동안 상가주인이 바뀌었다면 기존의 상가임대인이 제3자로 변경되는 경우에도 사업자등록을 마친 임차인은 새로운 소유자에게 임차권을 주장할 수 있다. 이것은 확정일자를 받지 않은 경우에도 발생한다. 그러나 확정일자를 받지 않으면 우선변제권이 없기 때문에 사업자등록 신청 시 반드시 확정일자를 받아야 한다.

그렇다면 임대차계약 내용이 변경되었다면 기존에 받아두었던 확정일자는 어떻게 되는 걸까? 임대차계약 내용이 변경되면 사업자등록 정정신고를 해야 한다. 사업자등록 정정신고를 하는 경우에 기존에 확정일자를 받았다고 하더라도 확정일자를 다시 받아야 불이익을 받지 않는다.

일정한 보증금 보호받을 수 있다

소액임차인에 대해서는 우선변제금액의 한도 안에서 일정 금액을 보호받는다. 확정일자를 받은 임차인은 임차건물이 경매 또는 공매되는 경우에 확정일자를 기준으로 변제순위가 결정되지만, 보증금이 소액인 경우 소액임차인이 사업자등록을 마친 경우에는 건물이 경매로 넘어가더라도 경매가액의 3분의 1 범위 내에서 다른 권리자보다 최우선으로 보증금 중 일정액을 변제받을 수 있다. 우선변제를 받을 수 있는 소액임차인의 자격 및 우선변제 금액의 한도는 다음과 같다.

	보호대상 임차인 범위	우선변제 대상 보증금 범위	보호대상 임차인 및 우선변제대상 보증금의 범위 (최우선변제금)		보호대상 임차인 범위	우선변제 대상 보증금 범위
서울	5,000만원	1,500만원		서울	6,500만원	2,200만원
수도권 과밀억제	4,500만원	1,350만원		수도권 과밀억제	5,500만원	1,900만원
광역시 등	3,000만원	900만원		광역시 등	3,800만원	1,300만원
그 밖의 지역	2,500만원	750만원		그 밖의 지역	3,000만원	1,000만원
	전환율이 연 15%를 초과하지 못하도록 고정		보증금의 월세 전환율의 상한		연 10%와 한국은행 공시 기준금리(현행 1.5%)에 4배수를 곱한 비율(6) 중 낮은 비율 초과 금지	

　보증금 외에 월임대료가 있는 경우에는 월임대료에 100을 곱한 금액을 보증금에 합산하여 판단한다. 예를 들어 보증금 3,000만원에 월임대료가 10만원인 경우에는 보증금을 4,000만원((3,000만원 + 10만원) × 100)으로 보고 각 지역별 기준에 따라 해당 금액을 우선변제 받는다.
　상가임대차보호법의 대상 또한 지역별로 다르게 규정되어 있다. 그 기준은 다음 표와 같다.

상가건물임대차 보호법 시행령				
개정 전		상가건물 임대차보호법의 적용대상 보증금액	개정 후	
서울	3억원		서울	4억원
수도권 과밀억제권역	2억 5천만원		수도권 과밀억제권역	3억원
광역시 등	1억 8천만원		광역시 등	2억 4천만원
그 밖의 지역	1억 5천만원		그 밖의 지역	1억 8천만원

 이렇게 지역별로 보증금의 기준이 다른 것은 지역별로 경제 규모가 다른데도 보증금 기준을 일률적으로 적용하는 것은 불합리하기 때문이다.

한 가지 더!

● **임대료 인상에도 기준이 있을까?**
임대료를 올리고 싶다고 해서 건물주 마음대로 임대료를 올릴 수 있는 것이 아니다. 법적으로 인상 한도는 연 9%로 제한된다.

08 특례규정을 이용해 증여세를 줄여라

조리학과를 졸업한 김민수 씨는 자신의 전공을 살려 조그만 식당을 개업하고 싶었다. 문제는 자금이었다. 인테리어 비용, 임대료 등 이것저것 검토해보니 2억원 정도의 돈이 필요했다. 아르바이트를 통해 저축한 돈이 있었지만 그것만으로는 턱없이 부족했다. 그렇다고 무턱대고 은행에서 대출받는 것도 한계가 있었다. 고민 끝에 김민수 씨는 부모님에게 손을 벌리기로 했다. 그런데 그도 쉽지만은 않았다. 부모님이 식당 창업에 대한 자금을 마련해주면 증여세만 2,400만원을 부담해야 한다는 것이다. 그렇다고 세금이 무서워 창업을 미룰 수는 없었다.

최근 출산율이 저하되고 급격히 고령화 사회로 접어드는 추세다. 이런 현상이 지속되자 정부에서는 부의 이전을 젊은 세대로 촉진시키고 경제를 활성화하기 위해, 부모로부터 창업자금을 증여받는 경우 일반 증여세율을 적용하지 않고 10%의 세율만 적용하는 특례규정을 만들었다. 물론 이러한 혜택을 받기 위해서는 몇 가지 까다로운 요건을 충족해야 하지만 잘 알아보고 활용하면 상당한 세금을 절약할 수 있다. 증여받는 사람의 경우 연령이 18세 이상인 거주자가 창업을 목적으로 60세 이상의 부모로부터 재산을 증여받아야 한다. 증여받는 재산은 양도소득세가 과세되는 토지나 건물 등만 제외하고, 현금, 주식, 채권 등이 특례규정에 속한다. 이러한 재산은 30억원을 한도로 한다.

증여세 과세특례 적용받는 방법

창업자금을 부모님에게 증여받은 경우에는 증여받은 날로부터 1년 이내에 창업을 해야 증여세 과세특례를 적용받을 수 있다. 그러나 이 조건을 충족시켰다 하더라도 창업으로 보지 않는 경우가 있다. 합병, 분할, 현물출자 또는 사업의 양수를 통해 종전의 사업을 승계하거나 기존의 사업을 법인으로 전환하는 경우, 폐업 후 다시 종전의 사업을 영위하는 경우, 사업을 확장하거나 다른 업종을 추가하여 새로운 사업을 최초로 개시하는 것으로 보기 곤란한 경우, 창업자금을 증여받기 이전부터 영위한 사업에 사용하는 경우에는 창업자금에 대한 증여세 특례규정을 적용하지 않는다.

창업자금을 증여받은 경우에는 증여받은 날로부터 3년이 되는 날까지 창업자금을 모두 당해 목적에 사용해야 한다. 창업자금의 사용에 대해서는 창업자금사용명세서를 제출하도록 되어 있다. 만약 이를 제출하지 않으면 가산세를 부담해야 한다. 창업자금에 대한 증여세 과세특례규정을 적용받고자 하는 사업자는 증여세 신고기한까지

특례신청을 해야 한다. 만약 신고기한까지 신청하지 못하면 이 혜택을 적용받을 수 없다.

10%의 단일세율로 증여세를 계산한다

창업자금에 대한 특례규정을 적용받게 되면 상속세 및 증여세법에도 불구하고 증여세 과세가액에서 5억원을 공제하고 10%의 세율을 적용받는다. 이 경우 창업자금을 2회 이상 증여받거나 부모로부터 각각 증여받는 경우에는 각각 창업자금의 증여에 대해 증여세 과세가액을 합산하여 적용한다. 김민수 씨가 이 규정을 적용받는 경우와 그렇지 않은 경우의 세금 차이를 비교해보자.

구분	일반적인 경우	창업자금 특례적용 시
증여세 과세가액	10억원	10억원
(-)증여재산공제	5,000만원	5억원
(=)과세표준	9억 5,000만원	5억원
(×)세율	30%	10%
(=)산출세액	2억 2,500만원	5,000만원

표를 통해 알 수 있듯이 특례규정을 적용하는 경우 세금의 차이가 175,000,000원(225,000,000 - 50,000,000)이나 발생하는 것을 알 수 있다.

증여받은 후에도 신경 쓸 사항

창업자금을 증여받고 특례규정의 요건을 충족했다고 해서 무조건 증여세를 줄일 수 있는 것은 아니다. 증여받은 후 10년 이내에 창업자금을 당해 사업의 용도 이외에 사용하거나 창업 후 10년 이내에 휴·폐업한 경우 및 수증자가 사망한 경우에는 창업자금 특례규정에 의해 계산한 증여세를 부인하고 증여세를 다시 계산하여 세금을 고지한다. 물론 휴·폐업이 부득이한 경우이거나 수증자가 사망한 후 상속인 등에게 사업을 승계한 경우에는 증여세를 재계산하지 않는다.

또한 창업자금으로 특정한 사업을 시작하는 경우에는 특례규정을 적용하지 않는다. 이러한 업종으로는 소비성 서비스업, 부동산 임대업, 부동산 공급업, 기계장비 및 소비용품 임대업 등이 있다. 그러므로 창업자금 증여세와 관련한 내용은 세무사와 미리 상담하여 결정하는 것이 바람직하다.

09 업종별 유의해야 할 세금 뒤집어보기

부동산업을 시작한 허철호 씨는 모처럼만에 고등학교 동창모임에 참가했다. 그 모임에는 자신과 같이 음식업, 인터넷쇼핑몰 등 업종은 다르지만 사업을 운영하고 있는 동창들이 있었다. 그들과 운영상의 문제점을 이야기 하다 자연스럽게 세금에 대한 얘기가 화제가 되었다. 부동산업을 하고 있는 허철호 씨는 양도소득세를 신경 쓰고 있었는데 음식업을 하고 있는 동창은 종업원에게 지급되는 봉사료를 원천징수 하는 문제에 대해 신경 쓴다는 사실을 알게 되었다. 허철호 씨는 사업을 하는 사장들이 신경쓰는 세금문제는 모두 같은 줄 알았는데 각 업종마다 이슈가 되는 세금문제가 있다는 사실을 알게 되었다.

회사를 운영하는 사장은 부가가치세, 법인세, 소득세 이외에도 자신이 운영하고 있는 업종에 따라 신경써야 할 세금문제가 있다. 여기에서는 각 업종에 따라 이슈가 될 수 있는 세금문제에 대해 언급해보도록 한다.

벤처기업

벤처기업은 중소기업에 해당하기 때문에 중소기업에 대한 세금혜택규정을 모두 적용받을 수 있다. 그 외에 합병하는 경우 벤처기업을 흡수·합병하는 상대방 기업은 중소기업의 손실부분인 이월결손금을 승계하여 그만큼 세금을 덜 낼 수 있도록 하여 간접적으로 세제지원을 하고 있다. 반면 기관투자자가 벤처투자조합을 통해 취득한 주식에 대해서는 이러한 주식을 양도하는 경우 세금을 비과세한다. 기술력은 있으나 영업측면이나 자금면에서 취약한 벤처기업이 영업과 자금을 지원할 수 있는 기업과 전략적으로 제휴를 한 후 대주주가 주식을 교환하여 취득하는 경우 교환 당시에는 주식교환에 따른 양도소득세를 과세하지 않고 교환 후 재양도 시 과세하는 과세이연을 적용한다. 마지막으로 중소기업창업투자회사 등에 출자한 사람에게는 창업투자회사 주식을 양도하는 경우에도 양도소득세를 과세하지 않는다. 결국 벤처기업의 주식을 취득하여 양도하는 경우 세금혜택이 있다.

도·소매업 등 일반업종

1_ 사업에 관련한 수입이나 지출이 매입세액으로 공제받을 수 있는지 꼼꼼히 확인하라. 가령 회사에서 차량을 구입하는 경우 차량 구입비나 이에 대한 유지비가 매입세액으로 공제받을 수 있는지 확인해야 한다. 이러한 매입세액 공제 여부는 부가가치세와 관련되는 것으로, 소득세와 법인세 그리고 부가가치세마다 인정되는 비용의 범

위가 다르다. 비영업용으로서 소형승용차의 취득, 유지와 관련한 비용은 부가가치세법에서는 매입세액으로 공제를 받을 수 없다. 단, 소득세법이나 법인세법에서는 소형승용차인 경우에도 실제 사업에 이용하는 경우라면 비용으로 인정받을 수 있다. 따라서 각 세금마다 적용되는 비용의 범위를 잘 파악하는 것이 중요하다. 비영업용이라는 의미는 사업에 이용하지 않는 소형승용차라고 오해하기 쉬우나 택시회사의 택시, 버스회사의 버스, 택배회사의 택배차 등 사업성격상 차량이 필수적인 업종에 해당하는 경우의 차량만을 영업용으로 보고 이외에는 모두 비영업용에 해당한다고 보면 된다.

2_ 매출에누리나 매출할인이 발생하는지 따져보아라. 매출에누리나 매출할인은 기업회계기준이나 소득세법·법인세법·부가가치세법에서 매출 차감 항목에 해당된다. 여기서 매출에누리는 상품의 품질이나 인도기일 등의 계약조건이 제대로 이행되지 않은 부분에 대해 보상차원으로 상품대금의 일부를 할인해 주는 것을 말한다. 매출할인이란 상품대금 회수를 빨리 하기 위해 정해진 기간 내에 외상매출금액을 상환하는 경우 그 대금의 일정 비율을 할인하는 것을 말한다.

3_ 판매장려금은 매출로 신고하라. 사업을 하다 보면 판매촉진을 위해 일정기간 내에 일정금액 또는 일정수량 이상을 판매했을 때 거래처에서 매출대금의 일부를 환급해주거나 매출액을 감액하는 등의 판매장려금을 지급받는 경우가 있다. 이러한 판매장려금은 부가가치세법에서는 수입금액으로 규정한다. 즉, 법인세법과 소득세법에서는

매출의 범위에 속하지만 부가가치세법에서는 매출 범위에 포함되지 않는 것도 있다. 이러한 부분도 꼼꼼히 따져보도록 하자.

구분	기업회계기준	소득세 및 법인세	부가가치세
매출에누리	매출액에서 차감	수입금액에 불산입	과세표준에 불포함
매출할인	매출액에서 차감	수입금액에 불산입	과세표준에 불포함
수령한 판매장려금	매출액에서 차감	소득세는 수입금액에 포함하나 법인세는 상황에 따라 다름	과세표준에 불포함 (단, 지급한 판매장려금은 포함)

제조업

흔히 제조업은 규모가 크다는 관념이 있어서 무조건 부가가치세법 상의 일반사업자로 사업자등록을 해야 한다고 오해하는 경우가 많다. 그러나 제조업의 경우 무조건 일반사업자로 과세되는 것은 아니며 최종소비자에게 직접 재화를 공급하는 과자점업, 양복·양화점, 기타 50% 이상 최종소비자에게 공급하는 사업이라면 간이과세자로 등록할 수 있다. 또한 농어민으로부터 면세농산물 등을 직접 공급받는 경우 의제매입세액공제신고서만 제출하면 별도의 증빙을 제시하지 않아도 의제매입세액공제를 받을 수 있다.

음식점업

음식점업을 영위하는 사업자라면 간이과세자로 사업자등록을 할 수 있다. 그러나 대부분의 음식점이 프랜차이즈 형태로 시작하는 경우가 대부분이므로 최초 프랜차이즈 가맹비용이 많은 경우에는 일반과세자로 등록하여 매입세액을 환급받는 것이 유리할 수도 있다. 예를 들어 통닭집을 프랜차이즈로 가맹한다고 가정하자. 가맹 후 매출이 2,000만원이고 프랜차이즈 비용이 3,000만원이었다면 매출이 비용보다 적으므로 일반과세자나 간이과세자 모두 부가가치세가 발생하지 않는다. 그러나 간이과세자는 부가가치세를 환급받을 수 없기 때문에 일반과세자로 사업자등록을 하였다면 100만원((20,000,000 × 10%) - (30,000,000 × 10%))을 환급받을 수 있어 사업초기에는 일반과세자가 간이과세자보다 유리할 수도 있다.

부동산매매업

부동산매매업을 하는 경우에는 소득세를 두 가지 방법으로 계산하여 그 중 금액이 큰 세금을 납부하게 된다. 즉, 종합소득세율에 의해 계산하고 다시 양도소득세율에 의해 계산한 후 두 금액 중 큰 금액을 부동산매매업자의 세금으로 보게 된다. 법인사업자의 경우 일정 요건을 충족하게 되면 토지 등 양도소득의 법인세를 추가적으로 부담하게 된다. 이는 양도소득세 중과세율을 회피하기 위한 목적으로 개인이 사업자로 전환하여 세금 감면받는 것을 줄이기 위함이다.

유흥음식점업

우리가 음식점에서 식사를 할 경우 식사비에는 음식값뿐만 아니라 종업원의 봉사료가 포함된다. 이 경우 음식점의 사장은 반드시 음식값과 봉사료를 구분해 신고하고 봉사료를 종업원에게 지급할 때 반드시 원천징수를 해야 한다. 종업원에게 아무 금융증빙 없이 봉사료를 지급하면 세무서에서는 종업원에게 지급한 봉사료까지 사장의 수입금으로 여겨 부가가치세를 부과하게 된다. 따라서 종업원의 봉사료를 원천징수하고 이를 각각 장부에 기록해야 쓸데없는 부가가치세를 부담하지 않는다.

인터넷 쇼핑몰을 통한 통신판매업자

인터넷으로 소비자에게 물건을 파는 통신판매업자가 늘고 있다. 과거에는 간단한 인허가 절차만 이행하면 별다른 제재 없이 사업을 할 수 있었다. 그러나 2007년 7월 1일 이후 공급하거나 공급받는 쇼핑몰부터는 부가통신사업자를 납세관리인으로 선정하여 통신판매업자의 사업자등록이나 부가가치세 신고 등의 대행업무를 하게 된다. 이때 통신판매업자들의 사업자등록번호는 사이버몰에 등록된 아이디로 한다.

부가통신사업자가 통신판매사업자에게 부가통신역무를 제공하는 경우에는 세금계산서 교부를 의무화했다. 과거에는 인터넷을 통한 가상의 공간에서 이루어지는 전자상거래는 세원포착에 많은 어려움이 있어 사업자가 탈세할 가능성이 컸다. 즉, 온라인 사업자들은 전기통신사업법 및 통신비밀보호법에 의한 비밀보호 규정에 의해 과세자료 제출을 거부할 수 있고 과세관청의 세원관리가 제한되어 세금계산서를 위조하는 사례가 많았다.

이에 관련 제도를 정비할 필요성을 느낀 정부는 2007년 7월 1일부터는 모든 인터넷 통신판매업자에게 사업자등록번호를 부여하고 세원관리를 하고 있다.

part **2**

내 회사를 지키기 위해 꼭 알아야 할 포인트

● 자, 이제 드디어 사업을 시작했다. 사업자등록도 하고, 사업장도 갖추고, 종업원도 구했다. 이제 사업을 시작하면서 거래처와의 거래방식은 어떤 식으로 할 것인지, 수입금액은 어떤 식으로 관리할 것인지, 비용처리는 어떻게 할 것인지 등을 결정해야 한다. 대부분 처음 시작하는 방식들이 계속해서 이어지기 때문에 처음 시작할 때 관리를 제대로 하지 않으면 나중에 낭패를 보는 경우가 많다. 눈앞의 세금을 줄이기 위해 자료상과 부정한 거래를 하거나 특수관계자와의 거래를 이용하는 등의 행위를 하면 결국 세무조사 대상이 되어 탈세업자로 전락하게 된다.

이 장에서는 피해야 할 부당거래의 유형을 살피고, 적법하게 절세할 수 있는 방법을 살펴본다. 처음부터 자금관리 하는 통장을 구분하고 거래처로부터 받아야 할 증빙 서류들을 꼼꼼하게 챙기는 등 철저하게 관리해야 돈 새는 일이 없을 뿐만 아니라 튼실한 내 회사를 만드는 첫 걸음이다.

01 회사자금 꿰뚫어보기

10년째 건축자재업을 하고 있는 이수현 씨는 친구 회사에 세무조사가 들어왔다는 소식에 걱정이 생겼다. 사업을 시작할 때부터 각종 세금신고도 꼬박꼬박 하고 세금도 성실하게 냈지만 사업규모가 커지면서 자금규모를 사장인 자신이 정확히 모르는 것이 불안했다. 부인 명의로 조그만 상가를 구입하는 등 회사자금과 개인자금이 섞이다 보니 이제는 어떻게 구분해야 할지 몰라 불안해졌다. 만약 이 상태에서 세무조사가 나오면 얼마나 많은 세금이 나올지 알 길이 없었다. 이수현 씨에게 어떤 문제가 발생할 수 있을까?

사업을 하는 사업자는 항상 자금관리를 철저히 해야 한다. 그만큼 중요하면서도 가장 실수를 많이 하는 부분이기 때문이다.

A회사에서 시멘트 100만원어치를 팔았다고 가정하자. 그러면 A회사는 시멘트 100만원어치에 해당하는 분량을 내보낼 것이고, 그 대가로는 관련 증빙을 작성한 뒤 시멘트를 판 돈, 즉 현금 100만원을

받게 된다. 이런 내용을 사실대로 세무서에 신고하면 세금신고는 끝이다. 아무 문제가 발생하지 않는다. 세금 측면에서 문제가 발생했다는 것은 다음 세 가지 중에 어느 하나가 맞지 않았을 경우에 발생한다. 즉, 물건은 나갔지만 증빙이 없어 장부에 기재되지 않았거나, 장부에는 기재되고 물건이 나가지 않았거나, 물건이 나가고 장부에 기재되었지만 그에 대한 대가가 정상적인 형태로 결제되지 않았을 경우이다. 세무조사는 자금의 흐름을 중요하게 생각하므로 자금이 어떻게 처리되었느냐를 신경써야 한다.

사업자금과 개인자금은 철저히 분리하라

지금은 개인사업자도 사업용 계좌를 지정하여 세무서에 신고하게 되어 있다. 그러나 예전에는 사업용으로 쓰는 계좌와 개인용도로 사용하는 계좌를 무차별적으로 사용하는 경우가 비일비재했다. 가령 매출과 관련되어 거래처에서 입금된 자금을 배우자 명의로 취득하는 부동산 잔금으로 이체시켜 사용하거나 자녀명의의 금융자산을 가입하는 등 회사 돈과 개인 돈 구분 없이 사용한다면 사업과 관련된 세금 이외에도 증여세 문제가 발생하게 된다.

그러므로 업무와 관련된 계좌와 개인용도의 계좌는 별도로 사용해야 한다. 그래야 배우자와 자녀명의의 자산을 취득할 때도 세금문제가 생기지 않는다.

입출금 내역과 장부를 맞춰라

사업을 하다 보면 장부에 비용과 수익을 정확하게 일치시키기가 힘들다. 그래도 최소한 사업용 계좌에 입금된 내용과 증빙, 장부 내용과는 일치시켜야 한다. 입금내역과 증빙, 장부가 따로따로인 경우에는 세무조사 시 별개의 거래로 오해받을 수 있으므로 주의해야 한다. 그리고 거래 시 가급적 현금거래보다는 계좌이체를 하거나, 수표로 처리하는 것이 좋다. 수표의 경우 사본을 보관하는 것 역시 잊지 말아야 한다.

생활비 자금 처리법

중소기업 사업자의 경우 생활비를 배우자의 계좌로 이체시켜 사용하는 경우가 대부분이다. 배우자가 이 비용을 생활비로 모두 사용한 내역이 있다면 상관없지만 생활비로 이체된 계좌에서 재산을 취득하거나 주식, 채권 등 금융상품이나 고액의 보험에 가입했을 경우에는 얘기가 달라진다. 생활비의 범위는 법에 정확히 명시되어 있는 규정이 없어 소득수준이나 생활수준에 따라 조사공무원이 판단한다. 그러나 여기에도 기본적으로 지켜야 할 원칙이 있다. 차후 문제가 될 경우를 방지하기 위해 다음의 사항에 유의하자.

1_ 매월 일정금액을 책정해서 이체시킨다. 가령 이번 달에는 1천만원, 또 어떤 달에는 5천만원, 1억…… 이렇게 불규칙적이고 무원칙적으로 배우자의 통장에 이체한다면 아무리 생활비 명목이라 해도 증여를 의심받게 된다.

2_ 생활비 계좌에서 남은 자금으로 배우자 명의의 재산을 취득하거나 금융상품에 함부로 가입하지 않는다. 이럴 경우 사전에 전문가와 상담 후 결정하는 것이 좋다. 자칫 증여세 문제가 발생할 소지가 있기 때문이다.

회사를 운영하는 데 있어 실물흐름과 회계처리, 자금처리 모두 중요하지만 그중에서도 자금처리가 가장 중요하다. 세무조사 시 실물흐름과 회계처리가 맞더라도 현금흐름이 맞지 않으면 별개의 거래로 오해받기 쉽고, 실물흐름과 회계처리 증빙이 다소 부족하더라도 현금증빙으로 입증하면 인정해주는 경우가 많다. 사장은 매월 회사의 고정비용, 고정수익과 함께 불특정 비용과 수익을 파악하고 있어야 회사를 효율적으로 운영할 수 있으므로 굳이 세금문제 때문이 아니더라도 자금상황은 항상 파악해야 한다.

02 세무조사, 두려워하지 말자

> 윤석희 사장은 10년 넘게 의류 도매업을 하면서 세무조사를 단 한 번도 받지 않았다. 나름대로 세금신고를 성실하게 해왔기 때문에 동종업체에 세무조사 나왔다는 소식을 들어도 남의 얘기 같았다. 그러던 어느 날 서울지방국세청 조사국에서 나왔다며 직원 다섯 명이 세무관련 서류를 모두 가져가겠다고 했다. 국세청 직원들이 사무실을 뒤지고 사업관련 서류를 챙기는 동안 김 사장은 이제 끝장이라는 생각에 하늘이 노래지며 불안한 마음을 가라앉힐 수가 없었다. 무엇을 어떻게 해야 할지, 누구에게 도움을 청해야 할지도 막막하기만 했다.

대부분의 사업자는 세무조사라는 네 글자만 들어도 긴장해서 얼굴까지 굳어버릴 것이다. 세무조사는 사업을 하는 사람이라면 잘잘못을 떠나 공포의 대상이다. 사업자가 세무신고를 성실히 했다 하더라도 국세청에서 불법이라고 판정을 내리면 탈세사업자로 전락할 수 있기 때문이다. 국세청 직원들이 어떤 무기를 들고 와서 어떻게 공격

할지, 또 그로 인해 내가 얼마나 피해를 입을지 알 수 없기 때문에 세무조사는 공포의 대상이다.

세무조사를 받게 된다면 지금 받고 있는 세무조사가 어떤 성격과 강도의 조사이며, 자신의 재산과 사업에 대해 어느 범위까지 조사하는지 파악해야 한다. 세무조사는 세금종류와 방법에 따라 여러 가지가 있는데 재산취득에 대한 자금출처조사, 사업내용에 대한 특별조사, 양도가액에 대한 실지조사, 상속·증여세 조사, 주식변동에 대한 조사 등 명칭이나 내용도 다양하다. 윤석희 사장이 받는 조사는 강도가 센 조사에 속한다. 관할 세무서가 아닌 지방국세청에서 국세청 직원이 서류를 직접 싸가지고 가서 조사를 한다는 것은 사업자에게는 심각한 상황이다. 국세청에서는 이미 윤석희 사장과 가족들에 대한 재산·소득 상황, 거래처에 대한 분석 등 기본적인 분석을 마치고 어떤 부분을 공략할 것인지 작전을 세워서 나온 것이라 할 수 있다.

세무조사, 최대한 성실하게 협조하라

세무조사도 사람이 하는 일이라 조사를 나온 공무원들에게 비협조적이거나 불만스러운 듯한 태도를 보이면 당연히 좋은 인상을 받기 어렵다. 세무조사를 시작한 이상 사업자가 너무 비협조적이면 조사 공무원들도 좋은 마음으로 세무조사를 할 수가 없다. 그러므로 세무조사에는 최대한 성실하고 친절하게 응할 필요가 있다. 국세청 직원들이 세무조사를 나왔다 하더라도 처음부터 회사운영을 못하게 하겠다는 마음으로 조사에 임하는 직원은 없다. 다만, 일단 세무조사에

착수했다는 것은 국세청 컴퓨터 내에 사업자가 신고한 사업내용이 어떤 부분에서든 세금을 누락시킨 혐의가 있다고 본 것이므로 최소한 어느 정도의 세금추징을 예상하고 나온 것이다. 그러므로 고의적이고 계획적으로 탈세를 한 사람이 아니더라도 성실히 조사에 임하는 것이 좋다. 그동안 사업내용에 대하여 성실하게 세금신고를 했는지 되짚어보고 잘못된 것이 있으면 앞으로 잘하도록 유도하여 시정해주려는 의도라고 생각하자.

세무대리인을 최대한 활용하라

세무대리인의 진가가 발휘되는 순간이 바로 세무조사를 받을 때다. 세무조사가 불시에 착수되면 우선 침착하고 친절하게 협조하면서 즉시 세무대리인에게 연락해 사실을 알리고 어떻게 대응해야 할지 의논해야 한다.

사업자가 어설프게 세무지식이 있다고 해서 앞뒤 생각 없이 진술하거나 자료를 제시하면 낭패를 볼 수 있다. 본인이 생각할 때는 자신을 방어하기에 좋은 진술이나 자료라고 생각해도 세법상 무거운 세금이나 가산세로 연결되는 경우가 많기 때문이다. 해명을 하거나 자료를 제시할 때는 반드시 세무사와 상담하여 충분히 검토한 후 진술해야 한다. 같은 업종을 영위하는 사업자를 동시에 조사하더라도 조사 방법이나 내용이 다를 수 있기 때문에 일반적으로 알고 있는 상식으로 어설프게 대처하는 자세는 옳지 못하다.

조사가 확대되는 것을 막아라

세무조사를 받다 보면 때로는 본래 조사에서 자꾸 조사가 확대되고 기간이 연장되는 경우도 있다. 세무조사에서 발생할 수 있는 최악의 상황이라고 할 수 있다. 윤석희 사장의 경우 처음에는 의류 도매업과 관련된 세무조사를 받았지만 관련 자금흐름을 조사하다가 본인 가족의 재산취득에 대한 자금출처 조사로 연결되어 증여세가 나오거나 거래처와의 자금흐름에서 거래처 조사로 번질 수도 있다. 이 경우에는 본인뿐만 아니라 거래처와 가족에게도 많은 세금이 매겨져 앞으로의 사업에도 악영향을 미칠 수 있으므로 세무사와 협의하여 최대한 조사가 확대되는 것을 막아야 한다.

작은 것에 연연하지 마라

세무조사가 어느 정도 진행되면 대략적인 결과를 예상할 수 있다. 조사공무원들이 주안점을 두고 집중적으로 조사하는 부분과 일반적으로 짚고 넘어가는 부분이 서서히 윤곽을 드러내게 되는데, 이때 작은 것까지 하나하나 소명하려고 하다 보면 큰 것을 놓치는 경우가 많다.

윤 사장이 조사과정에서 거래처와의 300만원짜리 거래내용에 대해 지나치게 연연해하고 있는 동안, 조사공무원들은 3억원짜리 거래내용에 대하여 집중적으로 조사할 수도 있음을 알아야 한다는 것이다. 이때는 300만원에 대한 소명을 과감히 포기하고 3억원짜리 소명자료를 준비하는 데 전력해야 한다. 즉, 사안의 경중에 따라 소명자료 준비에 할애하는 시간을 잘 배분해야 한다.

한 가지 더!

● **어떤 사업자가 세무조사를 받을까?**

세무조사는 크게 정기선정대상자와 수시선정대상자로 구분된다. 수시선정대상자는 탈세제보, 무자료거래, 위장·가공거래가 명확한 경우에 선정된다. 그리고 통상 연매출액 5천억원 이상의 법인은 4년마다, 매출액이 5천억원 미만 법인은 4~5년에 한 번씩 정기선정 대상이 되는데, 보통 세금계산서 및 지급조서의 작성·제출 등 납세협력의무 불이행, 신고내용에 탈루나 오류가 발생하는 경우에 정기선정 대상이 될 확률이 높다.

세무조사에는 정기조사와 특별조사가 있다. 말 그대로 정기조사는 일정기간(보통 5년) 이상 세무조사를 받지 않은 정상적인 사업자들에 대하여 국세청의 분석자료를 통하여 선별하는 것이다. 특별조사는 간혹 저녁뉴스에 일제히 보도되는 내용들로 사채업자, 분양권전매자, 고소득 전문자격사 등 이슈를 갖는 조사를 말한다. 따라서 본인이 특별조사대상이 아니라면 어느 날 갑자기 세무조사 예고통지서를 받더라도 크게 당황할 필요는 없다.

03 부정한 거래는 절대 하지 마라

김종필 사장은 조그만 컴퓨터 및 관련부품 도소매업에 종사하고 있다. 그동안 거래처인 (주)컴퓨터에서는 구입하는 부품들에 대한 세금계산서를 제대로 발행해준 적이 없었고 거래한 매입액보다 더 높은 가액으로 세금계산서를 주는 경우도 있었다. 그러나 김 사장은 이를 대수롭지 않게 여겼다. 그러던 어느 날 세무서로부터 (주)컴퓨터와의 거래내역에 대하여 사실관계를 묻는 공문이 날아왔고, 김 사장은 당황할 수밖에 없었다. 고민 끝에 사실대로 증빙을 준비해서 제출하자 그동안 (주)컴퓨터로부터 받은 매입세금계산서의 매입세액과 소득세 경비가 사실과 달라 인정받지 못했을 뿐만 아니라 거액의 부가가치세와 소득세를 물게 되었다.

김종필 사장과 (주)컴퓨터와의 거래처럼 매입세금계산서가 필요한 사업자와 매출세금계산서가 필요한 사업자가 부가가치세 신고 시 임의로 매출과 매입을 조절하여 원하는 만큼만 세금을 내기 위해서 세금계산서 금액을 실거래와 상관없이 조정한 세금계산서를 파는 사람을 자료상이라고 한다.

자료상과 거래 시 발생할 상황

자료상도 업종별로 다양하다. 특히 극성을 부리는 업종들은 컴퓨터부품, 건축자재, 생필품, 화장품, 의류, 고철 등으로 주로 도소매업을 하는 사업자 중에 자료상이 많다. 김종필 사장처럼 자료상과 거래를 하면 어떤 결과를 초래하는지 한번 알아보자.

(주)컴퓨터는 100% 자료상은 아니다. 실제 거래도 하면서 상황에 따라 거래처에 세금계산서도 만들어주다가 국세청에 적발되어 자료상으로 판명된 회사다. 이럴 경우 일단 국세청에서는 직접 (주)컴퓨터에 대한 세무조사를 하든지 분석 자료를 관할 세무서에 보내 모든 거래처와의 거래내역에 대하여 사실관계를 확인한다. 만약 사실과 다를 경우 (주)컴퓨터에 대해 조세범처벌법을 적용하여 검찰에 고발하고 거래처에 대해서는 부가가치세 및 소득세를 매기게 된다.

바로 여기서부터가 문제다. 김종필 사장은 분명 (주)컴퓨터와 거래를 하기는 했다. 그러나 실물거래와 거래증빙과 법인통장 내역이 맞지 않는다. 또한 맞는다고 해도 그 사실을 입증해야 하는 어려움이 따르기 때문에 김종필 사장의 경우 상당히 곤란한 상황이다. 세무서에서 오는 여러 공문 중에서 "~를 입증하시오. 증빙을 첨부하시오" 이런 식의 내용이 들어 있다면 어떤 사실을 객관적으로 인정할 만한 증빙자료로 입증하라는 뜻이다.

결론적으로 김종필 사장은 일부 억울한 부분도 있고, 일부 잘못한 부분도 있다. 그러나 전부 잘못한 것으로 오해를 받아 세금을 내야 했다. 아무리 사실이 그렇지 않다고 호소를 해도 증빙으로 입증이 되지 않으면 인정받기 어렵다. 더욱이 입증증빙의 수준은 거래당사자가 합의하여 작성할 수 있는 거래명세표나 단순입금증, 장부 등으로는 부족하다. 실제 대금을 지불한 증빙까지도 정확히 준비해야 하기 때문에 상당히 어렵다.

그러므로 아예 처음부터 오해받을 만한 거래를 하지 말아야 한다. 자료상을 이용해서 부가가치세나 소득세를 한 번, 두 번 적게 내다 보면 왠지 정확히 신고하는 게 손해 보는 것 같아지겠지만 자료상과의 거래를 빈번히 하게 되면, 어느 날 자신의 사업은 세금 때문에 망하게 되고 말 것이다.

자료상과 거래 시 주의해야 할 사항

김종필 사장은 고의로 한 것이 아니라 거래처와 일을 하기 위해 어쩔 수 없이 자료상과 거래를 한 경우이다. 큰 거래처이다 보니 거래를 끊기도 어렵고, 그렇다고 상대방이 하자는 대로 하면 나중에 세무조사를 받아 세금을 많이 내야 할 것 같고. 사업을 하다 보면 이런 곤란한 상황을 맞게 되는 경우가 종종 있다. 이때 두 가지 경우만 유의하자.

1_ 모든 거래가 정상적인데 상대방이 자료상으로 의심되는 경우이다. 가령 김종필 사장은 (주)컴퓨터와 거래한 모든 내용이 사실인데

김 사장이 볼 때 아무래도 (주)컴퓨터가 다른 거래처와 거래를 할 때 세금계산서를 조작한다고 가정하자. 만일 (주)컴퓨터가 자료상으로 확정되면 김 사장도 모든 거래에 대하여 사실관계를 입증해야 하는 처지에 놓이게 되므로 평소에 증빙자료를 잘 챙겨두어야 한다.

모든 거래대금을 지불할 때는 반드시 수표로 지급하거나 은행계좌로 송금하는 것이 현명하다. 또한 수표 지급 시 수표를 복사해서 관련 전표에 첨부하고, 거래명세표에는 배달해준 날짜와 배달 직원 성명과 서명을 꼭 받아 두어야 한다.

2_ 사실거래가 있기는 하지만 세금계산서 내용이 다를 경우다. 가령 김 사장처럼 (주)컴퓨터와 1억원의 거래를 했지만 (주)컴퓨터가 다른 업체 명의로 세금계산서를 발행해주었다고 하자. 이때에는 사실과 다른 세금계산서이므로 매입세액을 공제 받을 수 없어 어쩔 수 없이 부가가치세를 내야 한다. 그런데 실제 거래는 분명 존재하므로 소득세는 비용으로 인정받을 수 있다. 김 사장은 세금계산서는 (주)오디오로 교부받았지만, 실거래는 (주)컴퓨터와 했다는 거래사실을 입증하면 소득세 계산 시 비용으로 인정받을 수 있다. 즉, 물건은 분명 (주)컴퓨터에서 오고 대금도 (주)컴퓨터로 지불했을 테니 그 증빙자료를 잘 챙겨 놓는 것이 중요하다.

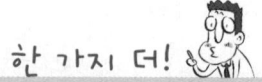

● 자료상의 유형

사업을 전혀 하지 않으면서 세금계산서만 허위로 만들어 파는 자료상도 있고, 본인도 일정 사업을 하면서 동일 업종 거래처에만 자료를 만들어주는 사람도 있다. 자료상이냐 아니냐는 국세청 직원들이 혐의자들을 주시하고 분석하여 결정한다.

04 특수관계자와의 거래를 조심하라

자동차 부품공장을 운영하고 있는 조종찬 씨는 회사 명의로 근처의 토지를 많이 사들여 상당한 부동산을 보유하고 있었다. 그런데 회사가 법인으로 등재되어 있어 자기 소유의 재산처럼 마음대로 사용하지 못해 답답했다. 그러던 어느 날 조종찬 씨에게 좋은 생각이 떠올랐다. 회사 소유로 있는 부동산을 아주 싼 가격으로 사들이는 것이다. 그러면 회사는 손해를 보는 것이기 때문에 그만큼 이익이 줄어들 것이고, 자신은 싼 가격에 부동산을 구입하게 되어 일석이조라고 생각했다. 그러나 이를 지켜보던 경리부장은 그런 식의 거래는 세법상 인정받기 힘들 뿐만 아니라 회사와 사장이 서로 특수관계이기 때문에 그에 대한 법인세도 추가로 부담해야 한다고 경고했다.

법인이나 개인의 행위가 특수관계자와의 거래를 통해 부당하게 세금을 줄이려는 것으로 인정되는 경우 이에 대한 세금을 과세관청이 다시 계산할 수 있는데, 이를 부당행위계산의 부인이라고 한다. 이 규정은 특수관계자들 간의 비정상적인 거래로 인해 부당하게 세금을 줄이는 것을 막고, 동일한 거래에 대해 동일하게 세금을 측정하기 위한 조세 평등주의를 바탕으로 만들어진 제도다. 그러나 부당행위계산의 부인에 해당한다고 하더라도 이는 결국 세법상 문제이기 때문에 이러한 거래 자체를 사법적으로 부인하지 않는다. 즉, 조종찬 씨가 회사로부터 싼 가격에 부동산을 구입하여 세금을 부당하게 줄이려고 했지만 회사와 조종찬 씨의 거래 자체를 부인하지는 않는다는 말이다. 결국 이러한 행위는 기업회계와 세무회계의 차이로 본다. 따라서 조세범처벌법에 의한 조세포탈범으로 보지는 않는다.

특수관계자인지 여부부터 따지자

부당행위계산의 부인에 해당하기 위해서는 특수관계자와의 거래로서 부당한 행위 등으로 인해 세금이 감소되어야 하며 이러한 특정 거래에서 상대 간에 현저한 이익의 분여가 있어야 한다. 조종찬 씨에 대한 부당행위계산 부인 규정을 적용한 이유는 다음과 같다.

① 특수관계자와의 거래 : 회사와 조종찬 씨
② 부당한 행위로 인한 세금의 감소 : 회사 부동산을 저가로 매도하여 법인세 감소 효과
③ 특정 거래에서 상대 간에 현저한 이익의 분여 : 회사의 손실이 조종찬 씨의 이익으로 이어짐

특수관계자의 범위는 소득세법과 법인세법 간에 약간의 차이가 있

는데, 대표적인 특수관계자의 범위는 다음과 같다.

법인세법	소득세법
① 임원과 그 친족 ② 주주 등과 그 친족(소액주주 제외) ③ 회사에 사실상 영향력을 행사하는 자와 그 친족 ④ ①~③에 해당하는 자가 30% 이상 출자한 법인 ⑤ 기업집단소속 계열회사 및 그 임원	① 친족 ② 종업원 또는 생계를 같이하는 종업원의 친족 ③ 회사에 사실상 영향력을 행사하는 자와 그 친족 ④ ①~③에 해당하는 자가 30% 이상 출자한 법인

부당행위 유형을 파악하자

세법에서 부당행위란 세금을 부당하게 감소시킨 경우를 말한다. 대표적인 것으로 자산을 시가보다 높은 가액으로 매입한 경우, 자산을 시가보다 낮은 가액으로 매도한 경우, 출자자에게 사택을 제공한 경우, 이자지급 없이 금전을 대여한 경우, 불량채권을 양수한 경우, 출연금을 대신 부담한 경우가 있다.

이렇듯 법에서는 여러 가지의 유형을 나열하고 있지만 이러한 유형에 포함되지 않아도 세금을 부당하게 감소시켰다면 부당행위계산 부인 규정을 적용하게 된다. 또한 부당행위는 현저한 이익의 분여가 발생하는 경우이다. 현저한 이익의 분여를 판단하는 기준은 시가와의 거래가액 차액이 시가의 5%에 상당하는 금액이거나 3억원 이상인 경우를 말한다. 예를 들어 특수관계자 간에 시가 10억원짜리 토지를 9억원에 구입했다면 시가와의 차액이 3억원 이상은 아니지만 5% 기준에 해당하므로 부당행위계산 부인 규정을 적용받는다.

결론적으로 세법은 일반적인 불특정 다수인과의 거래와 비교하여 특수한 관계에 있다고 생각되는 당사자 간의 거래에서 어느 한 쪽이 이득을 보는 결과로 세금 등이 줄어들었다고 판단되는 거래를 경계한다. 따라서 특수관계인 간의 거래 시 필요한 요건과 결과에 대해서는 미리 세무전문가와 상담해야 한다는 사실을 잊지 말자.

05 사업자 명의 절대 빌려주지 마라

농촌에서 오랫동안 농사를 지어온 심현태 씨에게 오랜 만에 가까운 친척이 찾아왔다. 그는 읍내에 대형 음식점을 운영하고 싶은데 사정이 있어서 자신의 명의로는 사업자등록을 할 수 없으니 우선 심현태 씨의 이름을 빌려 사업자등록을 하고, 어느 정도 기반이 잡히면 수익의 일부로 보상하겠다는 조건을 제시해왔다. 심현태 씨는 본인의 자금이 들어가는 것도 아니고 향후 수익을 나눠준다는 말에 흔쾌히 이를 승낙했다.

그 후 친척이 심현태 씨 명의로 사업자등록을 하고 시작한 음식점은 1년 후 빚만 남긴 채 식당을 정리하고 자취를 감추어버렸다. 심현태 씨는 어차피 자신이 투자한 돈이 없었으므로 아무런 문제가 없을 것이라 생각했다. 그러던 어느 날 세무서로부터 폐업을 하면서 세금을 내지 않았으므로 부가가치세와 소득세를 징수하겠다는 연락이 왔다. 자신이 하지도 않은 사업에 대한 세금을 부담해야 하는 상황에 처한 것이다.

주변을 살펴보면 간혹 친구나 친척의 사업에 보증을 서주거나 명의를 빌려주는 경우를 볼 수 있다. 현실적으로 우리나라 정서상 이런 부탁을 거절하는 것이 매우 어렵지만, 최선의 선택은 서로를 위해서 단호하게 거절하는 것이다. 그렇게 하지 않으면 심현태 씨처럼 손해를 볼 수 있기 때문이다. 사업이 개시되면 모든 사업 활동과 세금에 대한 문제는 사업자등록증에 기재되어 있는 대표자나 법인 명부상 주주의 책임이 된다. 추후에 발생할 수 있는 모든 문제에 대해 친척이나 친구들이 책임을 진다고 하더라도 결국 세금문제 등으로 재산상 피해는 모두 서류상 대표자의 몫이다. 구체적인 피해사례를 살펴보면 다음과 같다.

1 재산을 압류당할 수도 있다. 명의대여자가 명의를 빌려간 사람의 세금을 모두 납부하지 못한 경우에는 명의대여자의 재산을 세무서에서 압류할 수도 있다. 세무서에 재산을 압류당하고도 명의대여자가 세금을 납부하지 않으면 압류재산을 공매 등의 방법으로 처분하여 강제로 세금을 추징하게 된다. 그러므로 명의대여자는 재산상의 피해를 벗어날 수 없다. 또한 세금을 체납한 사실이 금융기관에 통보되어 신용카드 사용정지 등의 금융거래상 불이익을 당할 수도 있으며, 출국 금지 등의 극단적인 조치가 취해질 수도 있다.

2 국민연금 등의 부담금이 증가한다. 국민연금이나 건강보험료 등은 대부분 소득을 기준으로 보험료를 산정한다. 명의를 빌려주게 되면 실질적인 소득이 없어도 소득이 있는 것으로 파악되어 국민연금이나 건강보험료 등이 대폭 상승할 수 있다.

명의를 빌려간 사람이 세금을 납부하지 않으면 명의를 빌려준 사람 앞으로 세금이 나오게 된다. 원래 세금은 실질적인 사실을 기준으로 부과한다. 심현태 씨 입장에서 명의를 빌려주었을 뿐 실제 사업을 한 사람은 친척이기 때문에 세금을 내지 않아야 한다. 문제는 심현태 씨가 이를 증명해야 하는데, 결코 쉬운 일이 아니다. 만약 명의대여자 이름으로 통장을 개설해 거래하기까지 했다면 금융실명제에 의해 명의대여자가 거래한 것으로 인정되기 때문에 명의대여를 증명하는 것이 더욱 어려워진다.

세금은 사실을 기준으로 부과되지만 명의대여를 증명하는 것이 현실적으로 어렵기 때문에 명의대여자가 세금을 부담하게 된다. 결국은 명의를 빌려준 심현태 씨가 친척이 내지 않은 세금을 고스란히 부담해야 하는 것이다. 그러므로 아무리 가까운 친척이나 친구 사이라도 명의대여는 절대 하지 말아야 한다.

part 3
사업의 기본 세금, 부가가치세

● 부가가치세는 사업자가 창업을 하자마자 접하게 되는 세금으로, 이것을 정확히 알아두어야 전체적인 세금의 흐름이 보인다. 즉, 부가가치세의 개념과 흐름을 알아야 나머지 세금들도 혼란이 오지 않고 중심을 잘 잡을 수 있다.

이 장에서는 부가가치세의 기본 구조를 살펴보고, 부가가치법상의 세액공제를 통해 세금을 절약하는 방법을 알아볼 것이다. 다시 말해 부가가치세를 왜 간접세라 하고 왜 최종 소비자가 부담하는 것인지, 세금계산서는 왜 중요한지, 부가가치세 신고는 어떻게 해야 하고 1년에 몇 번 신고해야 하는지 등을 살펴보고자 한다. 이러한 사항을 제대로 알아두면 앞으로 어떤 사업을 하든 기본적인 세무 마인드는 잡혀 있다고 볼 수 있다.

01 사업자 입장에서는 아까운 부가가치세

식당을 운영하는 김진문 씨는 부가가치세를 납부할 때마다 다른 세금보다 액수도 많고 납부해야 하는 횟수도 잦은 이 세금이 무척 아깝다는 생각이 든다. 식당이 잘되어 수익이 많은 달은 괜찮지만 수익이 적은 달은 정말이지 너무 억울하다는 생각이 든다. 수익이 안 나면 소득세나 법인세처럼 세금을 안 내는 것이 맞지 않을까? 왜 유달리 부가가치세는 수익이 적어도 꼭 내야 하는 건지 도대체 이해할 수 없다.

김진문 씨처럼 세금에 관한 기본지식이 부족하면 자신이 부당한 세금을 납부한다고 생각하는 경우가 있다. 간단하게 설명하면 소득세나 법인세는 해당 기간에 발생한 이익에 대하여 부과하는 세금이고 부가가치세는 거래가 있을 때마다 내는 세금이다. 즉, 부가가치세는 사업자의 수익과 상관없이 내야 한다. 그렇다면 부가가치세가 어떤 세금인지 자세히 살펴보기로 하자.

예를 들어 햄버거 가게에서 원가 2,700원짜리 햄버거를 3,000원에 팔았다면 햄버거 가게에서 새롭게 만들어낸 부가가치는 300원이다. 부가가치세는 이렇게 만들어진 부가가치에 대해 10%의 세금을 내는 것이다. 즉, 햄버거 판매 사업자는 햄버거 한 개당 30원의 부가가치세를 납부해야 한다. 결국 최종적으로 부가가치세를 부담하는 것은 햄버거를 사 먹는 소비자다. 사업자는 단지 소비자가 부담한 세금을 걷어서 국가에 대신 납부하는 역할만 하는 것이다. 이렇게 부가가치세처럼 부담하는 사람과 세금 내는 사람이 다른 세금을 간접세라고 한다.

각 단계별 부가가치세 구조

자, 이제 조금 더 구체적이고 이론적인 내용을 햄버거의 유통과정을 예로 들어 살펴보도록 하자.

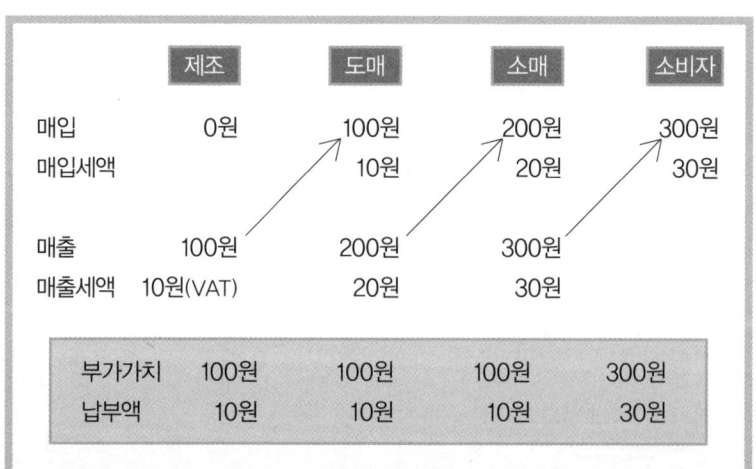

> 제조단계 납부세액 = 매출액 − 매입세액 = 100원 × 10% − 0 = 10원
> 도매단계 납부세액 = 매출액 − 매입세액 = 200원 × 10% − 10 = 10원
> 소매단계 납부세액 = 매출액 − 매입세액 = 300원 × 10% − 20 = 10원

1_ 제조단계(햄버거 공장)

제조단계에서는 햄버거 공장에서 최초로 제품을 생산한 단계이므로 햄, 빵, 치즈 등에 대한 원재료 매입만 발생한다. 제조업자가 햄버거를 도매상에게 100원의 가격으로 판매했다고 가정하면 실제로는 그에 대한 부가가치세 10원을 포함하여 110원을 대금으로 받는다. 즉, 110원 중 제조업자의 매출해당분은 100원이고 10원은 국가에 납부할 부가가치세를 도매상으로부터 대신 받아 부가가치세로 납부하는 것이므로 실제로 제조업자가 부담하는 부가가치세는 없다.

2_ 도매상(햄버거 도매업자)

햄버거도매상이 제조업자에게 지급한 110원 중 부가가치세 해당분 10원은 부가가치세 신고시 공제받거나 환급받을 수 있다. 그리고 햄버거도매상이 전국 휴게소의 햄버거소매상에게 이 제품을 200원의 가격으로 판매했다고 가정하면 제조업자의 경우와 같이 220원을 대금으로 받아 20원은 부가가치세로 납부하는 것이다. 결과적으로 도매업자는 부가가치세 220원에 대한 매출세금계산서를 발행했기 때문에 20원의 부가가치세를 납부해야 하지만 제조업자로부터 받은 10원의 매입세금계산서를 가지고 있으므로 10원(20원−10원)의 부가

가치세를 납부하면 된다. 물론 도매상의 자금이 아닌 소매상에게 국가를 대신해 받은 금액 20원에서 제조업자에게 미리 지급한 10원을 차감한 금액을 부가가치세로 납부하는 것이므로 도매상의 돈으로 납부하는 것은 아니다.

3_ 소매상(휴게소 매점)

햄버거소매상은 도매업자로부터 200원의 가격으로 구입해(실제로는 여기에 부가가치세 20원을 추가하여 지출하였지만) 휴게소에서 소비자에게 300원의 가격으로 판매한다. 300원으로 판매할 때 실제로는 30원의 부가가치세를 포함하여 330원의 대가를 수령하여야 한다. 소매상의 부가가치세는 10원임을 알 수 있을 것이다. 즉, 소비자로부터 받은 부가가치세 30원에서 도매업자에게 미리 지급한 20원을 차감한 10원을 부가가치세로 신고납부하는 것이다.

4_ 소비자

소비자는 300원짜리 햄버거를 30원의 부가가치세가 포함된 330원에 제품을 구입하게 된다. 결국 휴게소에서 고속버스가 쉬는 시간에 햄버거를 사먹는 최종 소비자가 부가가치세를 부담하게 되는 것이다. 부가가치세가 과세되는 제품의 소비자가격은 판매가격에 10%의 부가가치세를 포함한 금액임을 알아두자.

제조업자, 도매업자, 소매업자가 부담한 부가가치세의 합 30원(10원+10원+10원)은 최종 소비자가 부담한 부가가치세 30원과 일치한다.

따라서 사업자들이 세무서에 내는 세금은 최종소비자가 낼 세금을 대신 받아서 납부하는 효과와 다를 것이 없다. 이처럼 실지 세금을 부담하는 사람과 세금을 납부하는 사람이 다른 세금을 간접세라고 한다. 우리나라 간접세에는 부가가치세, 개별소비세, 주세 등이 있다.

고급 레스토랑이나 고급 한식당에 가면 메뉴 하단에 '부가세 별도'라는 문구를 흔히 발견할 수 있다. 이는 음식값에 부가세를 별도로 10% 더 받는다는 의미이다. 부가세에 대한 별다른 언급이 없더라도 최종 소비자가 내는 금액에는 항상 부가가치세가 포함되어 있다. 우리의 일상에서 떼려야 뗄 수 없는 가장 밀접한 세금이 바로 이 부가가치세다.

부가가치세의 과세기간 및 신고납부

부가가치세의 과세기간은 매년 6개월씩 2기간으로 나눌 수 있는데, 상·하반기 개념으로 생각하면 간단하다. 또한, 각 과세기간마다 3개월씩 2기간으로 나누어 예정신고기간을 정해놓고 있다. 이러한 과세기간은 법으로 정해져 있으므로 임의로 과세기간을 변경할 수 없다. 과세기간이 끝나면 다음 달 25일까지 세무서에 부가가치세 신고를 하고 세금도 납부해야 한다.

과세기간	과세대상기간		신고납부기간	신고 대상자
제1기 1.1 ~ 6.30	예정신고	1. 1 ~ 3. 31	4. 1 ~ 4. 25	법인사업자
	확정신고	4. 1 ~ 6. 30	7. 1 ~ 7. 25	법인 및 개인사업자
제2기 7.1 ~ 12.31	예정신고	7. 1 ~ 9. 30	10. 1 ~ 10. 25	법인사업자
	확정신고	10. 1 ~ 12. 31	다음 해 1. 1 ~ 1. 25	법인 및 개인사업자

개인사업자는 예정신고기간에는 납부할 세액이 고지되며 확정신고기간에는 신고·납부해야 한다. 법인사업자는 1년에 네 번 부가가치세를 신고·납부하게 된다. 1월 1일부터 6월 30일까지를 1과세기간으로 1월 1일부터 3월 31일까지 예정신고기간이라고 하며 나머지 기간 4월 1일부터 6월 30일까지는 확정신고기간이라고 한다.

간이과세자의 경우, 과세기간이 2013년부터 1.1~12.31로 변경되었으므로 납세편의 제고를 위해 1년에 1회(1.1~1.25) 신고·납부하면 된다.

02 세금계산서, 제때 발행하고 제때 받자

카페를 운영하고 있는 신유리 씨는 컴퓨터 구입 비용으로 200만 원을 지불하고 세금계산서를 요청했다. 컴퓨터 판매업자는 그렇다면 별도로 20만 원의 부가가치세를 더 내야 한다고 했다. 20만 원이 적지 않은 액수라고 생각한 신유리 씨는 결국 컴퓨터 구입 비용을 무자료로 처리하기로 했다. 세무사 직원으로부터 물품 구입시 비용처리를 위해 반드시 세금계산서를 받아야 한다는 소리를 상기하기는 했지만 설마 이런 소액으로 무슨 불이익을 당할까 싶은 생각이 들었다.

세금계산서는 재화와 용역의 공급시기에 교부해야만 인정받을 수 있으므로 제때 주고받지 않으면 불이익을 받을 수 있다. 공급시기란 실질적으로 거래가 있었던 날을 세법으로 정해놓은 것을 말하는데 대표적인 내용을 살펴보면 다음과 같다.

| 재화의 공급시기 |

구분	공급시기
현금판매, 외상판매, 할부판매	재화가 인도되거나 이용 가능하게 되는 때
1년 이상의 장기 할부판매	대가의 각 부분을 받기로 한 때
반환 조건부, 동의 조건부, 기타 조건부 및 기한부 판매의 경우	그 조건이 성취되거나 기한이 경과되어 판매가 확정되는 때

| 용역의 공급시기 |

구분	공급시기
일반적인 경우	역무의 제공이 완료되는 때
완성도 기준지급, 중간 지급, 1년 이상 장기 할부 또는 기타 조건부로 용역을 공급하거나 그 공급단위를 구획할 수 없는 용역을 계속적으로 공급하는 경우	그 대가의 각 부분을 받기로 한 때
위 기준을 적용할 수 없는 경우	역무의 제공이 완료되고 그 공급가액이 확정되는 때

제때 세금계산서를 교부하자

앞의 표에서 알 수 있듯이 재화와 용역의 공급시기에 세금계산서를 교부해야 매입세액으로 인정받을 수 있다. 만약 거래가 있기 전에 미리 대가의 전부 또는 일부를 받고 이에 대한 세금계산서를 교부한 경우에는 매입세액으로 공제 받을 수 있을까? 공급시기가 도래하기 전에 대가의 전부 또는 일부를 받고 이에 대한 세금계산서를 교부한 경우에는 그 교부하는 때를 공급시기로 본다. 따라서 공급시기 전에 세금계산서를 교부하는 것은 세법상 아무런 문제가 되지 않는다.

만약 공급시기 전에 세금계산서를 교부한 경우, 세금계산서를 교부한 때에 대가를 지급하지 않았다면 어떻게 될까? 부가가치세법상 사업자가 재화나 용역의 공급시기가 도래하기 전에 세금계산서를 교부하고 그 대가를 받지 않았더라도, 교부일로부터 7일 이내에 대가를 지급받은 경우에는 이를 정당한 세금계산서의 교부로 본다. 과거에는 세금계산서를 공급시기 전에 교부한 경우에 대가도 동시에 지급하는 것을 원칙으로 했으나, 2007년부터 세법이 개정되어 이처럼 공급시기 전 세금계산서에 대한 규정을 완화시켰다.

사업자가 사업을 하다보면 거래처와 거래를 할 때마다 일일이 세금계산서를 주고받는 것이 번거로울 때가 있다. 이때에는 일정한 범위 내에서 교부한 세금계산서에 대해서는 이를 인정해주는 규정이 있다. 사업자가 거래 합계액에 의해 세금계산서를 교부하는 경우로서 거래처별로 1역월의 공급가액을 합계하여 당해 월의 말일을 발행일자로 하여 세금계산서를 교부하거나, 거래처별로 1역월 이내에서 사업자가 임의로 정한 기간의 공급가액을 합계하여 그 기간의 종료일을 발행일자로 하여 세금계산서를 교부하는 경우에는 재화와 용역의 공급일이 속하는 달의 다음 달 10일까지 세금계산서를 교부할 수 있다. 또한 관계증빙서류 등에 의하여 실제 거래사실이 확인되는 경우로서 당해 거래일자를 발행일자로 하여 세금계산서를 교부하는 경우에는 재화와 용역의 공급일이 속하는 달의 다음 달 10일까지 세금계산서를 교부할 수 있다.

매입세금계산서를 직접 발행할 수 있다

　세금계산서 교부의무가 있는 사업자가 재화 또는 용역을 공급하고 거래시기에 세금계산서를 교부하지 않은 경우에는, 그 재화 또는 용역을 공급받은 사업자가 관할 세무서장의 확인을 받아 자신이 세금계산서를 발행할 수 있는데 이를 매입자발행세금계산서라고 한다. 매입자발행세금계산서는 부가가치세금에서 공제할 수 있는 매입세액으로 본다. 매입자발행세금계산서를 발행하려면 먼저 거래사실 확인신청이 필요하다. 재화나 용역의 실질 거래시기부터 3개월 이내에 거래사실 확인신청서에 거래사실을 객관적으로 입증할 수 있는 서류를 첨부하여 신청인의 관할 세무서장에게 신청해야 한다. 거래건당 공급대가가 10만원 이상인 경우에만 신청할 수 있다. 신청을 받은 관할 세무서장은 제출된 증빙자료를 검토하여 거래사실을 확인하고 확인결과를 신청인에게 통지해준다.

　관할 세무서장으로부터 거래사실 확인 통지를 받은 신청인은 공급자 관할 세무서장이 확인한 거래일을 작성일자로 하여 매입자발행세금계산서를 발행하여 공급자에게 교부한다. 단, 신청인 및 공급자가 관할 세무서장으로부터 거래사실 확인 통지를 받은 경우에는 매입자발행세금계산서를 교부한 것으로 본다.

세금계산서합계표를 작성하자

세금계산서를 받았다고 해서 무조건 세금을 공제해주지는 않는다. 사업자가 세금계산서를 교부했거나 교부받은 경우에는 매출처별 세금계산서합계표와 매입처별 세금계산서합계표를 예정신고 및 확정신고를 할 때 제출해야 한다. 만약 예정신고기간에 매출처별 세금계산서합계표와 매입처별 세금계산서합계표를 제출하지 못한 경우에는 당해 예정 신고기간이 속하는 과세기간의 확정 신고기간에 함께 이를 제출할 수 있다. 이때 제출하는 매출처별 세금계산서합계표에 대해서는 지연 제출에 대한 가산세를 부담해야 한다. 그리고 면세사업자는 세금계산서와 관련된 서류를 제출해야 한다. 즉, 부가가치세를 납부할 의무가 없는 면세사업자도 매입처별 세금계산서합계표를 당해 과세기간 종료 후 25일 이내에 사업장 관할 세무서장에게 제출해야 한다.

세금계산서 관련 가산세

세금계산서와 관련된 가산세는 크게 세금계산서에 대한 것과 세금계산서합계표에 대한 것으로 구분되며 이는 다시 공급자와 공급받은 자를 구분하여 설명할 수 있다. 따라서 세금계산서와 더불어 세금계산서 합계표에도 신경을 써야 한다.

| 세금계산서를 교부한 사업자에 대한 가산세 |

내용	가산세
세금계산서의 필요적 기재사항의 전부 또는 일부가 착오 또는 과실로 기재되지 않았거나 사실과 다른 때	공급가액 × 1%
세금계산서를 교부하지 않은 때	공급가액 × 2%
재화나 용역을 공급하지 않고 세금계산서를 발행한 때	
재화나 용역을 공급하고 실제로 공급하는 사업자가 아닌 다른 사람의 명의로 세금계산서를 발행한 때	
매출처별 세금계산서합계표를 제출하지 않은 때	공급가액 × 1%
제출한 매출처별 세금계산서합계표의 기재사항 중 거래처별 등록번호 또는 공급가액의 전부 또는 일부가 기재되지 않거나 사실과 다른 때	
예정신고와 함께 제출해야 할 매출처별 세금계산서합계표를 확정신고와 함께 제출하는 때	공급가액 × 0.5%

| 세금계산서를 교부받은 사업자에 대한 가산세 |

내용	가산세
공급시기까지 세금계산서를 교부받지 않았으나 당해 공급일이 속하는 과세기간 내에 세금계산서를 교부받아 매입세액 공제를 받은 경우	공급가액 × 1%
매입처별 세금계산서합계표상의 공급가액을 사실과 다르게 과다 기재하여 신고한 경우	
매입처별 세금계산서합계표의 미제출, 불분명으로 인해 경정시 세금계산서에 의해 매입세액을 공제받은 경우	과다 기재한 공급가액 × 1%

매입하는 시기에 교부받은 세금계산서에 대해서는 매입세액을 공제하지만 가산세를 부과하는 경우도 있다. 세금계산서를 교부받은 사업자의 매입세액 공제와 가산세 여부를 다시 한 번 표로 정리하면 다음과 같다.

| 세금계산서를 교부받은 사업자의 매입세액 공제와 가산세 여부 |

내용	매입세액 공제	가산세
매입처별 세금계산서합계표를 제출하지 않은 경우	×	×
예정신고 시 제출할 매입처별 세금계산서합계표를 확정신고 시 제출한 경우	○	×
매입처별 세금계산서합계표의 공급가액이 사실과 다르게 과다 기재하여 신고한 경우	○ (과다기재분 불공제)	○
매입처별 세금계산서합계표 등을 미제출했으나 경정시 제출한 경우 또는 공급시기 후 당해 과세기간 내에 세금계산서를 수취한 경우	○	○

세금계산서를 교부하지 않는 경우

원칙적으로 재화와 용역을 공급하는 경우에는 세금계산서를 교부해야 한다. 영세율이 적용되는 경우에도 마찬가지다. 그러나 최종소비로 간주하는 거래에 대해서는 세금계산서의 실익이 없기 때문에 세금계산서 교부의무를 면제한다. 부가가치세법은 세금계산서 교부의무를 면제하는 대상을 규정하고 있는데, 면제 대상은 다음과 같다.

① 택시운송사업자, 노점 또는 행상, 무인자동판매기로 재화나 용역을 공급하는 자 등
② 소매업 또는 목욕, 이발, 미용업을 영위하는 자가 공급하는 재화나 용역(단, 소매업의 경우에는 공급받는 일반과세자가 사업자등록증을 제시하고 세금계산서를 요구시 발급해야 함)
③ 자가공급(판매목적 타사업장 반출의 경우는 제외), 개인적 공급, 사업상 증여, 폐업 시 잔존재화로서 공급의제되는 재화
④ 영세율 적용대상거래 중 일정한 국제거래
⑤ 기타 국내사업장이 없는 비거주자 또는 외국법인에게 공급하는 재화 또는 용역(단, 비거주자 등이 외국사업자 증명서류를 제시하고 세금계산서 요구시 발급)
⑥ 기타 외화획득 재화 또는 용역 중 세금계산서 교부실익이 없는 것
⑦ 부동산임대용역 중 간주임대료에 해당하는 부분

영수증을 교부해야 하는 경우

일반과세자 중에서 일정한 사업자와 간이과세자는 영수증을 교부해야 한다. 여기서 일정한 사업자란 소매업, 음식점업, 숙박업, 목욕·이발·미용업, 여객운송업, 입장권을 발행하여 영위하는 사업, 전문적 사업서비스업, 우정사업조직이 소포우편물을 방문·접수하여 배달하는 사업, 주로 사업자가 아닌 소비자에게 재화나 용역을 공급하는 사업을 영위하는 사업자를 말한다.

이때 주로 사업자가 아닌 소비자에게 재화나 용역을 공급하는 사

업은 도정업과 제분업 중 떡방앗간, 양복점업·양장점업·양화점업, 주거용 건물공급업, 운수업, 주차장 운영업, 부동산중개업, 사회서비스업, 개인서비스업, 가사서비스업, 도로 및 관련시설 운영업 등을 말한다. 또한 간이과세자는 어떠한 경우에도 세금계산서를 발행할 수 없다.

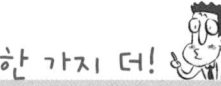

● **잘못 교부한 세금계산서는 수정세금계신시로 바로잡자**
제때에 교부받아야 했던 매입세금계산서를 교부받지 못하면 사실과 다른 세금계산서로 분류되어 매입세액을 공제받지 못하게 된다. 그러나 부가가치세법은 사업자가 세금계산서를 교부한 후 그 기재사항에 관하여 착오나 정정 등의 사유가 발생한 경우에는 세금계산서를 다시 수정하여 교부할 수 있는 제도를 운영하고 있다.

03 인터넷으로 주고받는 전자세금계산서

법인을 운영하는 김 사장은 거래처인 '컴퓨터와사람들'과 거액의 계약을 성사하고 정상적으로 세금계산서를 발행하여 '컴퓨터와사람들'에게 세금계산서를 주고 부가가치세를 신고하였다. 하지만 어느 날 국세청에서 전자로 세금계산서를 발행하지 않았다면서 가산세를 내라는 고지서를 보내왔다. 김 사장은 정상적으로 매출을 신고하고 세금계산서를 발행했는데 왜 가산세를 내라는지 이해가 되지 않았다.

부가가치세를 신고해야 사업자는 매출이 발생한 경우에는 세금계산서를 제때 발행해야 한다. 앞에서 이야기한 것처럼 세금계산서를 재화와 용역의 공급시기에 교부하지 않으면 불이익을 받을 수 있다. 하지만 2011년부터는 세금계산서를 제때 발행하더라도 위 사례의 김 사장처럼 전자세금계산서를 발행하지 않으면 불이익을 받을 수 있다. 그럼 전자세금계산서 제도는 어떤 것일까?

전자세금계산서 제도

국세청은 종이세금계산서 이용에 따른 사업자의 납세협력비용을 절감시키고, 사업자간 거래의 투명성을 제고하기 위하여 법인은 2011년부터 의무적으로 전자세금계산서를 발행하도록 하는 전자세금계산서 제도를 신설하였다. 그리고 개인사업자의 경우에는 직전연도 사업장별 공급가액 합계액이 3억원 이상인 사업자의 경우에는 전자세금계산서를 발행해야 한다. 그리고 위 외의 사업자의 경우에는 전자세금계산서가 의무발급은 아니지만 전자세금계산서를 발급 할 수 있다.

전자세금계산서를 의무적으로 발급해야 하는 사업자가 종전과 같이 종이세금계산서를 발급하게 되면 가산세 부담 등 불이익이 따른다.

국세청 홈택스(www.hometax.go.kr) 사이트에서 공인인증서 로그인을 한 후 전자세금계산서를 발급할 수 있으며, 발급한 전자세금계산서는 월별, 분기별로 조회도 가능하다. 국세청 홈택스 외의 사설사이트에서는 경우에 따라 전자세금계산서 발행과 전송이 분리되어 있어 따로 국세청에 전송을 해야 하는 경우가 있다. 이 경우에는 전자세금계산서 발급일이 속하는 달의 다음달 11일까지 전자세금계산서를 국세청에 전송해야 한다. 만약 발행은 했지만 국세청에 전송하지 않은 경우에는 가산세 부담 등 불이익이 있다.

또한 사업자들이 가장 놓치기 쉬운 경우가 세금계산서 공급시기(특례로 공급시기가 속하는 달의 다음달 10일까지 월합계세금계산서 발급이 가능함)에 세금계산서를 발행하는 것이다. 종이세금계산서는 세금계산서 교부시기를 놓치더라도 부가가치세 신고 전에 발행해서 신고하더라도 가산세를 내지 않고 넘어가도 국세청에서 확인이 힘들었지만, 전자세금계산서 제도를 도입함으로써 세금계산서를 공급시기(특례인 경우 다음달 10일까지)에 발행하지 않는다면 불이익을 피할 방법이 없다.

| 전자세금계산서 관련 가산세 및 세액공제 |

구분	내용
전자세금계산서 발급 의무자가 종이세금계산서를 발행한 경우	공급가액 x 1%
전자세금계산서 발급명세 지연전송.미전송분 가산세	① 전송기한이 경과한 후 공급시기가 속하는 과세기간의 말의 다음달 11일까지 전송하는 경우 = 공급가액 x 0.5% (개인의 경우 0.1%) ② ①의 기간까지 전송하지 않는 경우 = 공급가액 x 1% (개인의 경우 0.3%)

● 전자어음제도

사업을 하다 보면 전자어음에 대해 자주 듣게 된다. 전자어음제도는 무엇일까?

전자어음이란 기존의 실물어음과는 달리 전자문서 형태로 작성되고, 전자어음을 발행하고자 하는 자가 전자어음관리기관에 등록한 약속어음을 의미한다. 따라서 전자어음은 전자유가증권으로서 기존 실물어음과 같이 이용되며 발행, 배서, 권리행사 및 소멸 등의 모든 단계가 온라인에서 전자적인 방법으로 처리된다.

전자어음제도는 2009년 말 개정되어 "주식회사의 외부감사에 관한 법률" 제2조에 따른 외부감사대상 주식회사(직전 사업 연도 말 자산총액 120억 원 이상 주식회사 및 주권 상장 법인 등)는 약속어음 발행 시 전자어음으로만 발행해야 하며, 만약 종이어음을 발행하면 500만원 이하의 과태료를 부과한다.

전자어음의 특징으로 전자어음을 발행하려고 하는 자는 전자어음관리기관에 등록되어야 하며, 지급지는 금융기관(은행)으로 한정되어야 한다. 그리고 전자어음은 약속어음에 한정하여 발행하며, 백지어음으로 발행, 배서는 불가능하다. 또한 만기는 발행일로부터 1년을 초과할 수 없으며 배서회수는 20회로 제한하고 있다.

전자어음의 이용자는 어음분실, 사기 및 위조, 변조를 방지할 수 있으며, 어음 발행 등 어음행위가 편리하고 조회가 용이하다. 또한 어음의 보관과 관리 및 유통, 교환비용 절감이 가능하며, 법정기간 초과어음의 근절이 가능하다.

| 전자어음과 실물어음의 차이 |

구분	실물어음	전자어음
존재형태	서면	전자문서
종류	약속어음 및 환어음	약속어음
적용법률	어음법	전자어음의 발행 및 유통에 관한 법률
발행등록	없음(은행에서 어음용지를 교부받아 발행)	전자어음관리기관에 등록
발행·배서방법	기명날인 또는 서명	전자문서에 전자서명
배서제한	무제한	총 배서회수 20회
만기제한	무제한	발행일로부터 1년
일부지급	어음법상 허용	금지
백지어음	가능	금지
관리기관	없음	전자어음관리기관 (법무부장관 지정)

04 세금계산서와 계산서 차이점 따져보기

음식점을 운영하고 있는 주영예 씨는 절세의 지름길은 바로 증빙자료의 보관이다 라는 이야기를 주변에서 자주 들었다. 그래서 모든 물품을 매입할 때에는 무조건 증빙자료를 받아두는 습관을 길렀다. 주영예 씨는 부가가치세 확정신고기간이 다가올 즈음 카운터에 매입 증빙자료를 산더미처럼 쌓아놓고 아주 흡족해했다. 그리고 세무사 사무실을 찾아 지금까지 모아두었던 증빙자료를 담당 세무사에게 넘겨주었다. 그런데 증빙자료를 검토한 세무사는 대부분 매입세액공제를 받지 못할 자료라고 말했다. 주영예 씨는 지금까지 헛수고만 했다고 생각하니 맥이 풀렸다.

사업자가 재화나 용역을 공급하는 때에 그에 대한 부가가치세를 거래 상대로부터 받아야 하는데, 이를 거래징수라 한다. 세금계산서는 이 사실을 증명하기 위해 교부하는 것으로 부가가치세 과세거래의 증빙자료 역할을 하는 것이다. 그러나 사업자라고 해서 무조건 세금계산서를 발행하는 것은 아니다. 때로는 세금계산서 외에 계산서나 영수증을 발행하는 경우가 있으며, 이 모든 증빙자료가 매입세액으로 인정받는 것도 아니다. 주영예 씨는 모든 증빙자료를 보관했지만 실제로 그중에서 매입세액 공제를 받지 못하는 자료가 많았다. 사업을 할 때에 세금계산서를 잘 받아두고 보관하는 것도 중요하지만 어떤 자료들이 매입세액으로 공제받을 수 있는지를 파악해두는 것도 중요하다.

| 계산서의 종류 |

발급자	종류	매입세액 공제 여부
일반과세자(법인)	세금계산서	O
	영수증	X
간이과세자	영수증	X
세관장	수입세금계산서	O
	수입계산서	X
면세사업자	계산서	X
	영수증	X

표를 통해 알 수 있듯이 발급자에 따라 발행할 수 있는 계산서의 종류도 다르며 계산서에 따라 매입세액 공제 여부도 다르다. 결국 세금계산서 외에는 매입세액 공제를 받을 수 없다.

세금계산서에는 일반세금계산서와 수입세금계산서가 있다. 이것은 일반과세자, 법인사업자 또는 세관장이 교부하는 것으로서 부가가치세를 거래징수한 내용이 별도로 기재되어 매입세액 공제를 받을 수 있다. 일반과세자가 교부한 것으로서 공급받는 자와 부가가치세액이 별도로 기재된 신용카드 매출전표를 받은 경우에도 매입세액 공제를 받을 수 있다. 세금계산서는 보통 일반과세자가 발행한다. 그러나 국제거래를 통해 재화를 수입하는 경우에는 거래처가 외국이므로 외국에서 세금계산서를 발행해줄 수 없다. 이때에는 세관장이 세금계산서를 교부하는데, 이를 수입세금계산서라고 한다. 이 역시 일반세금계산서처럼 매입세액 공제를 받을 수 있다.

그리고 2011년부터 법인사업자는 의무적으로 전자세금계산서를 발급해야 하며, 개인사업자는 2014년 7월 1일부터 직전연도 사업장별 공급가액의 합계액이 3억원 이상인 경우에는 전자세금계산서를 발급해야 한다. 전자세금계산서를 발급했을 때는 발급일이 속하는 달의 다음달 11일까지 세금계산서 발급명세를 국세청장에게 전송해야 한다.

세금계산서에 기재해야 할 사항

세금계산서는 공급하는 사업자가 공급자 보관용(매출세금계산서)과 공급받는 자 보관용(매입세금계산서)으로 각각 2매를 발행하여 1매를 공급받는 자에게 교부하고 다른 1매는 공급자가 보관한다. 공급자는 매출세금계산서를 요약한 매출처별 세금계산서합계표를 세무서에 제출하고 공급받는 자는 교부받은 매입세금계산서를 요약한 매입처별 세금계산서합계표를 세무서에 제출하여 매입세액으로 공제받는다.

세금계산서에는 반드시 기재해야 효력을 인정받는 필요적 기재사항과 그 외 임의적 기재사항이 있다. 매입세금계산서를 받았더라도 필요적 기재사항이 누락된 경우에는 매입세금계산서로 인정받지 못해 매입세액을 공제받을 수 없으므로 세금계산서를 주고받을 때 기재사항이 올바로 작성되었는지 확인해야 한다.

| 계산서의 필요적 기재사항과 임의적 기재사항 |

구분	내용	세금계산서 효력
필요적 기재사항	① 공급하는 사업자의 등록번호와 성명 또는 명칭 ② 공급받는 자의 등록번호 ③ 공급가액과 부가가치세액 ④ 작성 연월일	전부 또는 일부가 기재되지 않았거나 그 내용이 사실과 다른 경우에는 세금계산서로서의 효력을 인정받지 못함
임의적 기재사항	① 공급하는 자의 주소 ② 공급받는 자의 상호, 성명, 주소 ③ 단가와 수량 ④ 공급 연월일 등	세금계산서의 효력에 아무런 영향을 미치지 않음

계산서와 영수증, 매입세액 공제받을 수 없다

계산서는 세금계산서와 유사하지만 몇 가지 차이점이 있다. 계산서는 세금계산서 교부대상이 아닌 거래에 대해 면세사업자가 교부하는 증빙자료로, 부가가치세액을 기재할 수 없으며 매입세액을 공제받을 수 없다. 단, 계산서는 소득세나 법인세의 수입금액에 대한 과세자료로 활용되므로 비용으로는 인정받을 수 있다.

세관장이 수입계산서를 교부하는 경우도 있는데 수입계산서는 부가가치세가 면제되는 재화나 용역의 수입에 대해서 발행하는 증빙자료로, 매입세액을 공제받을 수 없다.

영수증은 간이과세자 및 일반과세자 중에서 최종소비자와 직접 거래하는 경우에 교부하는 증빙자료다. 부가가치세액을 따로 기재하지 않기 때문에 부가가치세가 포함된 금액인 공급대가가 기재된다. 따라서 소득세나 법인세에 있어서 과세자료로만 활용될 뿐 매입세액 공제를 받을 수 없다.

부가가치세법에서도 효자 노릇 하는 신용카드(현금영수증)

사업자 간에 거래를 하는 경우 세금계산서를 주고받는 것이 대부분이지만 신용카드 매출전표를 주고받는 경우도 있다. 이때 주고받은 신용카드 매출전표가 일반과세자나 간이과세자에게 어떤 세금혜택이 있는지 자세히 알아보자.

| 신용카드(현금영수증)와 세금혜택 |

구분	공급자	공급받는 자
일반과세자	신용카드매출전표 발행 등에 대한 세액공제 (법인, 직전연도 재화용역의 공급가액 합계액이 사업장별로 10억 초과하는 개인사업자 제외)	매입세액으로 공제 가능
간이과세자	신용카드매출전표 발행 등에 대한 세액공제	매입세액의 일정률 공제 가능

재화나 용역을 거래처에 공급하여 신용카드 매출전표를 발행한 경우에는 발행금액에 일정률 세액공제를 받을 수 있다. 이를 공급자에 대한 '신용카드 매출전표 발행 등에 대한 세액공제'라고 한다. 이 규정은 일반과세자나 간이과세자 모두에게 적용되며, 모두 1%(2016년 12월 31일까지 1.3%)의 공제율을 적용한다. 단, 음식점업 및 숙박업을 영위하는 간이과세자에게는 2%(2016년 12월 31일까지 2.6%)의 공제율을 적용한다.(단, 연간 500만원 한도)

공급받는 자에 대한 혜택도 있다. 공급받는 자가 신용카드 매출전표를 수취한 경우에는 이를 매입세금계산서와 동일하게 본다. 따라서 일반과세자는 매입세액으로 공제가 가능하며 간이과세자는 신용카드 매출전표 수취분에 당해 업종별 부가가치율만큼 공제받을 수 있다.

앞에서 설명한 것처럼 부가가치세는 세금계산서에 의해 이루어지는 세금이라 해도 과언이 아닐 만큼 세금계산서가 중요하다. 또한 세금계산서와 계산서, 일반영수증 등을 구분할 줄 알아야 부가가치세에 대한 기본이 잡혔다고 볼 수 있다.

05 매입세액으로 공제받기 위한 방법

이우준 씨는 지방에서 골프장을 운영한 지 1년이 되었다. 대학시절 선수생활을 한 경험이 있었고 전국 최대 골프용품 판매업체와 인맥이 있어 제휴를 전제로 시작한 사업이라 운영에 자신이 있었다. 그러나 1년 정도 운영을 해보니 사업은 생각보다 힘들었다. 유명인사나 주요 거래처 직원들이 찾아올 때마다 주요 고객관리를 위해 수시로 골프용품을 구입해 선물하는 경우가 잦았다. 선물하는 제품이 접대비에 해당한다는 세무사의 말을 듣고 접대를 할 때마다 그에 관련된 증빙자료는 꼭 챙겨두었다. 그러나 부가세 신고시 접대비와 관련된 비용은 매입세액으로 공제받지 못하고 소득세 신고 시에도 일정한도 이상은 공제받지 못한다는 사실을 알게 되었다. 영수증만 챙겨두면 무조건 공제 받는 줄 알았던 이우준 씨는 당혹스러웠다.

사업자가 재화나 용역을 공급받는 경우에는 그에 대한 매입세금계산서를 받는데, 이 경우 부가가치세액은 매입세액으로 공제받을 수 있다. 그렇다고 매입세금계산서가 모두 매입세액 공제가 가능하다는 말은 아니다. 교부받은 세금계산서의 필요적 기재사항이 전부 누락되거나 일부 누락된 경우에는 매입세액으로 공제받을 수 없다. 또한 사실과 다르게 기재된 세금계산서도 마찬가지다.

매입세액으로 공제받지 못하는 경우

사업과 직접 관련이 없는 지출에 대해서는 매입세액으로 공제받을 수 없는데, 구체적인 경우를 살펴보면 다음과 같다.

1_ 비영업용 소형승용차 구입과 유지에 대한 매입세액은 공제받을 수 없다. 직접 영업용으로 사용되지 않거나 개별소비세 과세대상이 되는 승용차의 구입비용과 유지비용은 매입세액으로 공제받을 수 없다. 비영업용 승용차가 사업을 위해서 사용될 수도 있지만 단순히 대표자나 임원들의 개인적 용도로 사용되는 경우가 허다하고 이를 일일이 구분하는 것이 힘들기 때문에 일률적으로 사업과 직접 관련이 없다고 간주하여 매입세액을 공제하지 않는다.

단, 영업용으로 사용하는 소형승용차의 경우 비영업용으로 간주되어 부가가치세법상 매입세액으로 공제받지 못하더라도 소득세법이나 법인세법상 영업용 소형자동차를 유지하는 비용이나 감가상각비는 필요경비로 일부 인정된다. 비영업용 소형승용차의 구입과 유지에 대해 매입세액을 인정하지 않는 것은 부가가치세법에서의 문제일 뿐이다.

2_ 접대비나 이와 유사한 성격의 비용은 사업을 위해 사용했다 하

더라도 매입세액으로 공제받지 못한다. 이러한 비용은 단순히 대표자나 임원들의 개인적인 용도로 사용되는 경우가 허다하고 이를 일일이 구분하는 것이 힘들기 때문에 비영업용 소형승용차와 마찬가지로 일률적으로 사업과 직접 관련이 없다고 간주하여 매입세액을 공제하지 않는다.

3_ 면세사업은 원칙적으로 부가가치세를 부담하지 않기 때문에 이에 관련된 비용도 매입세액으로 공제받을 수 없다. 가령 사업자가 사업을 위해 토지를 취득하거나 건축물이 있는 토지를 취득하여 그 건축물을 철거하고 토지만 사용하는 등의 경우 이에 해당하는 비용에 대해서 매입세액 공제를 적용하지 않는다. 토지는 부가가치세법상 그 용도를 불문하고 무조건 면세대상으로 보기 때문에 이와 관련된 비용이 매입세액으로 공제받지 못한다.

사업자등록 전 20일까지는 매입세액 공제 가능

보통은 사업자등록을 한 후 사업을 시작하지만, 그 전에 사무실 등을 임차하거나 사업용 설비 등을 구입하는 경우에는 사업자등록을 하지 않아 매입세액을 공제받지 못하는 불상사가 발생할 수 있다. 이러한 경우에 매입세액으로 공제받을 수 있는 방법은 없을까?

사업자등록을 하기 전에 발생한 매입세액은 공급시기가 속하는 과세기간이 지난 후 20일 이내에 등록신청한 경우, 등록신청일부터 공급시기가 속하는 과세기간 기산일까지 역산한 기간 이내의 매입세액은 공제받을 수 있다.

이때에는 사업자등록을 신청하기 전이기 때문에 당해 사업자 또는 대표자의 주민등록번호를 기재하여 교부받으면 매입세액 공제가 가능하다.

세금계산서 없이도 공제받을 수 있는 의제매입세액

사업자가 면세농산물 등을 원재료로 하여 제조하거나 가공한 재화 또는 창출한 용역에 대해서는 면세농산물을 구입할 때의 일정액을 매입세액으로 공제받을 수 있다. 이러한 매입세액을 의제매입세액이라 하는데, 세법상 일정한 요건을 갖추었다면 의제매입세액 공제를 적용받을 수 있다. 여기서 농산물이란 농산물, 수산물, 축산물, 임산물을 모두 포함한 말이다.

의제매입세액 공제는 식당을 생각하면 이해가 쉽다. 가령 여러 가지 메뉴를 팔기 위해서 사오는 각종 원재료의 대부분은 농산물이다. 이것들을 재료로 해서 설렁탕을 만들어 팔았다면 이는 설렁탕이라는 음식을 만들어서 공급하는 용역의 공급, 즉 부가가치세가 과세되는 행위이다. 따라서 면세농산물을 구입해서 과세되는 용역을 제공하였으므로 의제매입세액 공제대상이 된다.

의제매입세액 공제를 받을 수 있는 사업자는 사업자등록을 한 과세사업자로 사업자등록을 하지 않은 과세사업자는 이 규정을 적용받을 수 없다. 이때 면세농산물을 과세재화나 용역으로 사용하거나 면세농산물 등을 원재료로 하여 제조, 가공한 재화나 용역이 부가가치세가 과세될 때 매입세액 공제를 받을 수 있다.

| 과세대상별 의제매입세액 공제율 |

과세대상	업종	공제율	
		일반적인 구입	농어민으로부터 직접 구입
일반과세자	음식점업	개인사업자 8/108 법인사업자 6/106	공제하지 않음
	제조업	2/102(개인 및 조특법상 중소기업 4/104)	
간이과세자	음식점업	8/108 (유흥 주점업 등 4/104)	Min(매입가액, 과세공급대가 × 5%) × 8/108(유흥 주점업 등 4/104)
	제조업	4/104	

※ 단, 법인의 경우 매출액의 35%, 개인의 경우 음식점은 매출액의 45~60%,
그 외 업종은 매출액의 40~50%를 한도로 한다.

● **사실과 다르게 기재된 세금계산서라도 예외적으로 매입세액을 공제받는 경우**

① 사업자등록을 신청한 사업자가 사업자등록증 교부일까지의 거래에 당해 사업자 또는 대표자의 주민등록번호를 기재하여 교부받은 경우
② 교부받은 매입세금계산서로는 거래사실이 확인되지 않지만 이에 대한 매출세금계산서로 거래사실이 확인되는 경우
③ 재화 또는 용역의 공급시기 이후에 교부받은 세금계산서로서 당해 공급시기가 속하는 과세기간 내에 교부받은 경우(단, 재화 또는 용역의 공급시기 이후에 교부받은 세금계산서로서 당해 공급시기가 속하는 과세기간 내에 교부받은 경우에는 매입세액공제는 가능하지만 가산세가 적용된다)

● **면세농산물이란**

김치, 단무지, 장아찌, 젓갈, 두부 등 1차 가공을 거쳐 본래의 성질이 변하지 않는 것, 소금, 원생산물(돼지고기, 소고기, 미역 등), 미가공 식료품을 단순 혼합한 것(야채와 샐러드의 혼합 등) 등을 말한다.

06 부가가치세 미리 돌려받을 수 있다

자동차 부품공장을 운영하고 있는 이창민 씨는 사업이 날로 확장되자 부품조립기계를 몇 대 구입할 계획을 갖고 있다. 그런데 기계 가격이 만만치 않았다. 회사 규모를 확장시키기 위해서는 어쩔 수 없다고 생각한 이창민 씨는 결국 기계를 구입하게 되었다. 그러다 보니 당해 과세기간의 매출세액보다 매입세액이 더 많게 되어 부가가치세를 환급받았다. 그러나 환급을 받기 위해서는 확정신고기한으로부터 30일 이내에 환급해주기 때문에 그때까지의 자금압박을 피할 수 없었다. 다급해진 이창민 씨는 근처 세무사 친구를 찾아가 도움을 청했다. 세무사 친구는 조기환급을 받을 수 있다는 조언을 해주었다.

일반적으로 부가가치세 계산은 매출세액에서 매입세액을 차감하여 계산하는데, 매출세액보다 매입세액이 많은 경우에는 환급세액이 발생한다. 이는 관할 세무서장이 각 과세기간별로 당해 과세기간에 대한 환급세액을 확정신고기한이 경과한 후 30일 이내에 사업자에게 환급해준다. 단, 예정신고기간에 발생한 환급세액은 환급하지 않고 확정신고를 할 때 정산하게 된다. 그러나 일정한 조건을 갖추었다면 이창민 씨처럼 조기환급을 받는 경우도 있다. 이 제도는 거액의 환급세액이 발생하는 경우에는 사업자에게 자금의 압박을 덜어주고 세제지원을 통해 수출이나 투자를 촉진하기 위해서다.

조기환급 대상은 정해져 있다

그렇다면 조기환급을 받는 대상은 어떤 경우일까? 먼저 영세율을 적용하는 경우에는 수출산업 등을 지원하기 위하여 조기환급을 실시한다. 그리고 사업설비(건물, 기계장치 등의 감가상각자산)를 신설·취득·확장 또는 증축하는 경우 조기환급을 해준다. 사업설비를 취득하는 경우에는 초기자금이 상당히 필요하기 때문에 환급받는 시기까지 자금압박을 받을 수 있으므로 이를 지원하기 위해 조기환급을 실시한다.

환급은 각 예정·확정신고기한 또는 조기환급기간별로 조기환급 신고기한 경과 후 15일 이내에 환급해준다.(조기환급기간은 예정·확정 신고기간 중 매월 또는 매 2월이다.)

조기환급을 받으려면 신고를 하라

사업설비를 취득했다고 해서 무조건 조기환급을 해주는 것은 아니다. 조기환급을 받기 위해서는 조기환급기간 종료일부터 25일 이내에 조기환급기간에 대한 과세표준과 환급세액을 과세관청에 신고해야 한다. 이때 다음에 오는 서류를 준비하여 조기환급 신고를 한 경우에는 조기환급신고기한 경과 후 15일 이내에 사업자에게 부가가치세를 환급해준다.

① 조기환급신고서
② 영세율첨부서류(영세율을 적용받는 경우)
③ 매출처별 세금계산서합계표, 매입처별 세금계산서합계표
④ 건물 등 감가상각자산 취득명세서(사업설비를 신설·취득·확장 또는 증축하는 경우)

1월분 거래에 대해 조기환급을 받고자 하는 경우에는 2월 25일까지 조기환급신고를 해야 하며, 신고 후 과세관청은 2월 25일부터 15일 이내에 사업자에게 부가가치세금을 환급해준다.

자금 유동성을 확보해야 하는 사업자 입장에서는 좋은 제도라 할 수 있다. 그러나 사업자가 조기환급신청서를 세무서에 제출하지 않으면 환급을 받을 수 없다. 세무지식을 쌓아두고 있어야 이런 유용한 혜택도 누릴 수 있다는 사실을 명심하도록 하자.

07 과다한 매입은 피하라

박일관 씨는 종로에서 삼겹살을 주메뉴로 하는 식당을 5년째 운영하고 있다. 세무사에게 기장을 맡기고 있는 그는 부가가치세 신고 때만 되면 매입자료가 모자라 세금을 많이 내는 것이 항상 불만이다. 요즘은 손님들이 대부분 신용카드를 사용하기 때문에 매출이 90% 이상 노출이 되고 있으며 식당에서는 대부분 부가가치세가 면세되는 채소, 쌀, 고기 등이 주재료이기 때문에 부가가치세를 공제받을 수 있는 매입세금계산서를 받을 거래처가 없어 그대로 부가가치세를 납부하고 있다. 그러던 중 우연히 술과 음료수를 매입한 것으로 꾸며 세금계산서를 받으면 된다는 정보를 듣고 지인의 주선으로 주류와 음료수 매입 명목으로 상당한 액수의 매입세금계산서를 받았다. 그러나 얼마 후 세무서로부터 가짜로 매입한 자료에 대한 소명서를 제출하라는 안내문을 받았고 근거를 제시하지 못한 그는 엄청난 세금을 부담하게 되었다.

우리나라는 현실적으로 세금계산서의 수수관행이 투명하지 못하다. 박일관 씨의 경우 가짜로 주류를 매입한 것을 사실인 것처럼 세금계산서를 받고, 이를 장부상의 원가경비로 처리했으므로, 부가가치세에서는 매입세액을 불공제처리하고, 소득세에서는 그 경비가 부인되는 불이익을 당하게 된 것이다. 국세청에서는 사업자가 제출하는 세금계산서 내용을 전부 전산에 입력시킨 후 매입·매출자료를 상호 간에 비교하여 매출을 누락했는지 여부와 가짜로 매입했는지 여부를 쉽게 알 수 있게 되어 있다. 또한 이를 계속하여 누적관리하다가 일정 금액이나 일정 횟수가 넘으면 세무조사 대상자로 선정하여 무거운 세금을 부과한다.

매입은 항상 매출과 연관시켜 분석한다

박일관 씨의 결정적인 실수는 술과 음료수가 매출에 기여하는 정도를 전혀 고려하지 않고 매입계산서만 제출했다는 것이다. 박일관 씨는 세무서로부터 아마 다음과 같은 내용의 소명자료제출 요구를 받았을 것이다.

| 소명요구자료 |

귀하의 매입자료를 검토한 결과 매출 1억원에 술과 음료수 매입자료가 2천만원으로 술과 음료수에 대한 매출액을 환산하면 귀하 업소에서는 원가의 4배로 술값을 받고 있으므로 술 매출액만 8천만원으로 추정되고 있습니다. 현재 귀하와 동일업종의 매

출액 중 술과 음료수 매출액 비율이 20%에 해당되므로 귀하의 주 메뉴 매출액이 3억 2천만원으로 추정되어 귀하는 3억원의 매출을 누락한 것으로 판단되오니 즉시 수정신고 하시기 바랍니다. 수정신고 하지 않을 경우 신고자료를 검토하여 세무조사를 실시할 수도 있음을 알려드립니다.

즉, 삼겹살 매출액 대비 술과 음료의 매입자료가 너무 많다는 것이다. 보통 술과 음료수 값은 원가의 3~4배가 보통이므로 박일관 씨처럼 매출액 대비 20%가 술과 음료수의 매입자료인 것으로 위조해 제출한다면 누가 보아도 매입자료가 가짜이거나 매출을 누락했다고 판단할 수 있다. 음식점, 술집을 운영하는 경우뿐만 아니라 대부분의 사업자들이 매출·매입자료의 수수문제에 상당한 애로점이 있다. 그러나 부가가치세를 절약하기 위해 가짜, 또는 사실보다 많거나 적게 세금계산서를 수수하는 것은 상당히 위험한 일이다. 왜냐하면 부가가치세만 추징당하는 것이 아니라 이미 비용으로 처리한 부분에 대한 부인으로 인한 소득세 및 법인세가 무겁게 매겨지기 때문이다.

한 가지 더!

● 매입이 사실이더라도 주의할 점 있다

실제 내용대로 매입을 하더라도 시기상 주의해야 할 사항이 있다. 예를 들어 도매업이나 소매업을 하는 경우 6월이나 12월에 다량으로 상품을 매입할 경우 이 상품들은 과세기간 말에 거의 대부분 재고로 남아 있게 되는데, 이때 주의해야 한다. 세무서에서는 부가가치세 확정신고가 끝나면, 특히 환급을 신청한 사업자에 대해서는 선정해서 환급조사를 하는 경우가 있다. 즉 환급을 내어주기 전에 환급신고한 내용들이 적정한지를 현지에서 확인하여 조사하는 것이다. 일단 조사를 하게 되면 환급신고한 내용이 이상이 없다 하더라도, 자칫 그 이전 신고내용이나 다른 내용 때문에 세금이 나오는 경우가 종종 있다. 결론적으로 어떠한 명목의 세무조사도 나올 구실을 주지 말아야 한다. 그러므로 상품을 구입할 때는 매입시기를 잘 조절하여 과세기간 말에 다량으로 매입하는 일은 가급적 피해야 한다.

08 사업장이 두 군데면 세금은 어떻게 낼까

서울에서 타이어 공장을 운영하던 강지우 씨는 사업이 번창하자 지방으로 진출하고 싶었다. 그래서 서울은 본사로 하고 부산을 지점으로 새로운 공장을 지었다. 강지우 씨의 타이어 제조 명성은 부산까지 퍼졌고 덕분에 날로 거래처가 늘어났다. 그러나 강지우 씨에게는 번거로운 일이 하나 발생했다. 소득세는 주소가 서울이니 관할세무서 한 곳에만 신고하면 되지만 부가가치세는 공장별로 서울과 부산에 각각 신고를 하게 되어 있어 번거롭게 된 것이다.

부가가치세는 원칙적으로 사업장별로 신고납부를 하게 되어 있으나 일정한 요건을 갖춘 경우에는 한 곳에서 부가가치세를 납부할 수 있다. 즉, 사업자가 두 군데 이상의 사업장을 가지고 있는 경우에 각 사업장의 납부세액이나 환급세액을 통산하여 주된 사업장에서 납부하거나 환급받을 수 있는 주사업장 총괄납부제도를 시행하고 있다.

여기서 주된 사업장이란 법인사업자의 경우에는 본점이나 지점을 의미하고 개인사업자의 경우에는 주사무소를 의미한다. 주사업장총괄납부는 납부할 세금과 환급받을 세금을 번거롭지 않게 한 곳으로 통일한다는 개념이고 부가가치세 신고는 사업장별로 해야 한다. 부가가치세 신고까지 한 곳으로 통일하려면 사업자단위 신고납부 신청을 해야 한다.

주된 사업장에서 총괄하여 세금을 납부하고자 할 때에는 총괄납부를 하고자 하는 과세기간 개시 20일 전에 주된 사업장의 관할 세무서에 신청하면 된다. 예를 들어 2014년 제2기(7.1~12.31)부터 부가가치세를 총괄납부하고 싶다면 2014년 6월 10일까지 총괄납부 신청을 해야 한다. 단, 신규로 사업을 시작하는 경우라면 사업자등록증을 받은 날부터 20일 이내에 총괄납부 신청을 하면 된다.

2010년 7월 1일 이전에는 과세관청에 신청을 하여 과세관청으로부터 승인을 받아야 했으나 현재는 20일 이내에 총괄납부신청만 하면 된다. 총괄납부신청 후에는 기존에 각각의 사업장에서 세금을 납부하거나 환급받던 것을 한 곳에서 납부하거나 환급받을 수 있다.

사업자단위 신고납부제도는 주사업장 총괄납부제도와 같이 신고도 한 곳에서 할 수 있는 제도다. 단, 이 제도를 적용받기 위해서는 두 군데 이상의 사업장이 있는 사업자가 각 사업장마다 물류흐름 및 재고를 관리할 수 있는 전산 시스템을 갖추어야 한다.

| 주사업장 총괄납부제도와 사업자단위 신고납부제도의 비교 |

구분	주사업장 총괄납부	사업자단위 과세제도
주된 사업장 또는 총괄사업장	• 법인 : 본점 또는 지점 • 개인 : 주사무소(선택불가능)	• 법인 : 본점 • 개인 : 주사무소
승인요건	요건 없음	요건 없음
승인신청	납부하려는 과세기간 개시 20일 전	적용받고자 하는 과세기간 개시 20일 전
효력	주된 사업장 관할 세무서장에게 총괄하여 납부 또는 환급	주된 사업장 관할 세무서장에게 총괄하여 신고, 납부 또는 환급
포기신고	포기하고자 하는 과세기간 개시 20일 전까지 신고	포기하고자 하는 과세기간 개시 20일 전까지 신고

09 봉사료도 원천징수를 받자

룸살롱을 경영하고 있는 육승범 씨는 사업 매출에만 집중하고 장부 정리에 대해서는 아무런 신경을 쓰지 않았다. 술값에 봉사료를 포함시켜 손님들에게 금액을 청구했고 그 중 일부를 봉사료라는 명목으로 종업원에게 지급했다. 몇 달이 지나 세무서에서 세무조사를 나왔다. 육승범 씨는 모든 매출이 신용카드로 결제되었기 때문에 아무런 문제가 없을 것이라 생각했다. 그런데 담당 공무원은 부가가치세를 적게 신고해 가산세 등의 세금이 나올 것이라고 말했다.

육승범 씨는 평소에 장부를 작성하지 않았기 때문에 종업원에게 지불한 봉사료를 증명할 장부를 보여줄 수도 없었다. 결국 육승범 씨는 신용카드 매출만 믿고 장부를 작성하지 않았다가 종업원에게 지급한 봉사료에 대한 부가가치세와 가산세를 납부하게 되었다.

유흥음식점을 운영하게 되면 종업원들이 팁을 받는 경우가 있다. 이러한 경우에는 봉사료가 음식값에 포함되어 있지 않기 때문에 별

다른 문제가 발생하지 않는다. 그러나 음식값에 봉사료가 포함된 경우에는 종업원에게 봉사료를 지급한 장부를 작성하지 않을 경우 이를 인정받지 못해 종업원에게 지급한 봉사료까지 부가가치세를 내야 하는 일이 발생한다. 그리고 일부 유흥음식점 사업자의 경우에는 부가가치세를 줄이기 위해서 봉사료를 높이 책정하는 경우가 있다. 따라서 과세관청은 봉사료를 과세표준에서 제외하고자 하는 사업자가 지켜야 할 사항을 국세청고시로서 제시하고 있다.

봉사료 지급 시 지켜야 할 사항

음식점, 숙박업 및 개인서비스업의 경우에만 용역의 대가와 함께 받는 종업원의 봉사료를 과세표준에서 제외시킬 수 있다. 따라서 다른 업종을 영위하는 경우에는 봉사료를 과세표준에서 제외시킬 수 없다. 영수증을 교부할 때에는 용역대가와 봉사료를 구분 기재하여 발행해야 한다. 그렇지 않으면 육승범 씨처럼 증빙자료를 제시하지 못해 봉사료에 대해서도 세금을 납부하는 경우가 생긴다.

용역대가와 구분 기재한 봉사료가 공급가액의 20%를 초과하는 경우에는 봉사료 지급액에 대하여 5%의 소득세를 원천징수하고 봉사료 지급대장을 작성해야 한다. 봉사료 지급대장에는 봉사료를 받는 사람이 직접 받았다는 서명을 해야 하며, 받은 사람 본인의 서명임을 확인할 수 있도록 봉사료를 받은 사람별로 주민등록증 또는 운전면허증 등 신분증을 복사해서 그 여백에 받는 사람이 자필로 성명, 주민등록번호, 주소 등을 기재하고 서명을 받아 5년간 보관해야 한다.

봉사료를 받은 사람이 봉사료 지급대장에 서명을 거부하거나 확인서 작성 등을 거부하는 경우에는 무통장입금영수증 등 지급사실을 직접 확인할 수 있는 다른 증빙을 대신 첨부해야 한다. 그렇지 않으면 봉사료에 대한 추가적인 세금을 납부하는 불이익을 받을 수 있다.

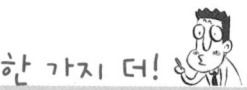

● **사업자가 정부를 대신하여 징수하는 세액 원천징수**
원천징수란 소득을 지급하는 자가 일정액의 세액을 차감하여 소득을 지급하고 그 세액을 국가에 납부하는 것을 말한다. 사업자가 직원을 고용하면 이들에게 매월 일정액을 급여로 지급하게 되는데 이때 급여의 일정액을 원천징수의 명목으로 차감한 후 지급한다. 사업자는 이처럼 원천징수한 금액을 다음 달 10일까지 관할 세무서에 납부해야 한다.

10 개별소비세란 무엇인가

명동에서 보석상을 운영하고 있는 김대희 씨는 요즘 장사가 잘되어 웃음이 절로 난다. 매사 모든 일에 철저한 김대희 씨는 세금에 대해서도 꼼꼼하게 준비하고 있었다. 소득세와 부가가치세를 꼼꼼히 챙기던 그는 며칠 후 세무서로부터 개별소비세를 내라는 한 통의 전화를 받게 되었다. 소득세와 부가가치세는 들어봤어도 개별소비세는 처음 들어본 김대희 씨는 자신이 왜 개별소비세를 내야 하는지 조차 알지 못했다.

값비싼 물건이나 고가의 사치서비스 등으로 열거된 과세대상에 대해서 부가가치세 외에 추가로 고율의 세금을 부과하는데, 이를 개별소비세라고 한다. 개별소비세는 사치억제라는 정책적 목적이 뚜렷한 세금이다. 그러나 모든 사업자가 부담하는 것은 아니다. 세법에 정해져 있는 값비싼 물건을 판매하거나 고가의 사치서비스에 해당하는 업종을 영위하는 경우에만 개별소비세를 부담하며, 과세물품, 과세장소 입장행위, 과세유흥장소 유흥음식행위, 특정한 장소에서의 영업행위에 대해서만 과세한다.

| 과세대상별 개별소비세 |

과세대상	세율
투전기, 오락용 사행기구, 수렵용 총포류	20%
로얄 젤리	7%
보석, 귀금속류	기준가격 초과분의 20%
고급시계, 고급모피, 고급융단, 고급가구, 고급가방	기준가격 초과분의 20%
승용자동차	5%
석유류	석유 종류에 따라 리터당 과세
경마장 입장	1인 1회 1,000원
투전기 설치장소 입장	1인 1회 10,000원
골프장 입장	1인 1회 12,000원
일반 카지노 입장	1인 1회 50,000원 (외국인은 2,000원)
내국인 카지노 입장	1인 1회 6,300원 (외국인은 2,000원)
경륜장 입장	1인 1회 400원
과세유흥장소 유흥음식행위	10%

개별소비세 제때 신고하자

일반적인 경우 개별소비세의 신고기간은 매 분기 판매장에서 판매하거나 제조장으로부터 반출한 물품의 물품별 수량, 가격, 과세표준과 산출세액 등을 기재한 과세물품과세표준신고서를 판매 또는 반출한 날이 속하는 분기의 다음 달 25일까지다. 해당 기간까지 관할 세무서장에게 제출해야 한다. 단, 과세물품을 보세구역으로부터 반출하는 사업자가 보세구역 관할 세관장에게 수입신고를 한 것은 개별소비세 신고를 한 것으로 본다.

골프장 등 과세장소에 입장하는 경우에는 과세장소 경영자가 매월 과세장소의 종류별, 세율별로 입장인원과 입장수입을 기재한 과세장소 과세표준신고서를 입장한 날이 속하는 분기의 다음 달 25일까지 관할 세무서장에게 제출해야 한다. 유흥장소에서 유흥음식 행위를 하는 경우에는 과세유흥장소 경영자가 매 분기 과세유흥장소의 종류별로 인원, 유흥음식요금, 산출세액 등을 기재한 과세유흥장소 과세표준신고서를 유흥음식 행위를 한 날이 속하는 달의 다음 달 25일까지 관할 세무서장에게 제출해야 한다.

사업을 폐업한 경우에도 개별소비세를 납부해야 한다. 이때는 폐업일이 속한 달의 다음 달 25일까지 당해 신고서를 관할 세무서장에게 제출해야 한다. 개별소비세의 납부는 신고서 제출기한까지 납부하면 된다.

개별소비세도 간접세다

앞에서 부가가치세는 최종소비자가 부담하지만 실제로 사업자가 미리 물건 가격에 포함시켜 받았다가 신고기간에 대신 신고하고 세금을 내는 구조로 되어 있기 때문에 간접세라고 했다. 개별소비세도 마찬가지다. 실제로 사업자가 부담하는 것이 아니고, 소비자로부터 개별소비세를 받았다가 대신 세무서에 신고하고 납부하는 것이므로 간접세다.

그러나 현실은 어떤가. 가령 유흥업소에서 계산할 때 술값, 봉사료, 부가가치세, 개별소비세 등을 구분해서 받지 않고 그냥 술값 10만원이라고 받는다. 이때 이 술값 10만원 안에 봉사료, 부가가치세, 개별소비세가 포함되어 있는데 이를 잘 구분했다가 각각 신고하고 세금낸다는 개념을 잡고 있는 사업자는 그다지 많지 않다. 개별소비세도 부가가치세와 마찬가지로 세금을 내는 사람과 세금을 부담하는 사람이 서로 다른 간접세이므로 개별소비세가 해당되는 사업을 운영하는 사업자는 매출대금에 부가가치세 뿐만 아니라 개별소비세도 포함되어 있다고 생각해야 한다.

11 판매가 아니더라도
개별소비세를 내는 경우

우승호 씨는 자동차정비업에 종사하고 있다. 대부분 중고차의 차체를 개조하거나 새로운 물품으로 가공하여 수수료를 받는 그는 10년간 자동차정비업소에서 일했기 때문에 자동차 내부나 부품 등에 대해서 많은 것을 알고 있었다. 그리고 세금을 신고하는 것도 잊지 않았다. 소득세나 부가가치세도 꼬박꼬박 납부하였다. 그런데 어느 날 세무서에서 지금까지 납부하지 않은 개별소비세와 가산세를 지불하라는 연락이 왔다. 담당 공무원의 말에 도무지 납득이 가지 않은 우승호 씨는 당장 근처의 세무사 사무실로 향했다.

개별소비세가 결정되는 시기를 납세의무 성립시기라고 한다. 개별소비세를 내야 하는지 내지 않아도 되는지를 판단하는 시기인데, 이를 개별소비세 과세시기라고 한다. 일반적으로 과세물품에 대한 개별소비세는 과세물품을 판매장에서 판매하거나 제조장으로부터 반출하거나 수입신고를 했을 경우, 과세장소 입장행위에 대한 개별소비세는 입장을 했을 경우, 과세유흥장소 유흥음식 행위에 대한 개별소비세는 유흥음식행위를 했을 경우에 납세의무가 성립된다. 우승호 씨처럼 특별한 경우에는 실제 제조나 판매로 보기 힘들지만 개별소비세법상 제조나 판매로 의제하는 경우가 있다.

실제 제조가 아니더라도 제조로 보는 경우
다음에 해당하는 경우에는 실제 제조가 아니더라도 제조로 보아 개별소비세 납세의무를 부여한다.
① 대통령령으로 접하는 물품을 제조장 이외의 장소에서 판매의 목적으로 용기에 충전하거나 개장하는 것
② 중고품을 신품과 동등한 정도로 그 가치의 증대를 위하여 대부분의 재료를 대체 또는 보완하거나 그 부분품의 전부 또는 일부를 재료로 하여 새로운 물품으로 가공 또는 개조하는 것
③ 제조장 이외의 장소에서 판매의 목적으로 과세물품에 가치증대를 위한 장식, 조립, 첨가 등의 가공을 하는 것
④ 제조장 외의 장소에서 판매의 목적으로 석유가스 중 프로판과 부탄을 혼합하는 것(혼합물이 부탄인 경우에 한함)

실제 판매가 아니더라도 판매로 보는 경우
다음에 해당하는 경우에는 실제 판매 또는 반출이 아니더라도 판매 또는 반출로 보아 개별소비세 납세의무를 부여한다.
① 판매장 또는 제조장 안에서 사용되거나 소비되는 때(단, 과세물

품의 원재료나 시험, 연구 목적으로 사용되는 등의 경우에는 제외)
② 판매장 또는 제조장 안에 현존하는 것이 공매, 경매, 파산절차로 환가되는 때
③ 과세물품의 판매 또는 제조를 사실상 폐지한 경우에 판매장 또는 제조장 안에 현존하는 때

이외에도 과세유흥장소 이외의 장소에서 유흥음식행위를 하는 경우에는 과세유흥장소에서 이를 한 것으로 보고 개별소비세 납세의무를 부여한다. 자칫 잘못하면 개별소비세 과세대상에 해당하지 않다고 판단할 수 있는 경우들이다. 이런 특별한 경우를 잘 파악하여 개별소비세에 대한 가산세를 물지 않도록 대비하자.

part **4**

많이 낼수록
좋은 소득세

● 앞에서도 잠깐 언급했듯이 소득세는 직접세이다. 개인의 수입과 비용을 계산해서 얼마의 소득이 남았느냐를 확정해놓고 이에 대하여 세금을 매기기 때문이다. 따라서 부가가치세와 달리 누진세율을 적용받는다. 즉, 많이 벌어서 많이 남은 사람은 높은 세율을, 적게 남은 사람은 낮은 세율을 적용받는다는 말이다. 그러므로 부가가치세와 달리 소득세는 소득을 재분배하는 효과도 있다. 1억원을 버는 사람이 5천원짜리 설렁탕을 먹든, 1천만원 버는 사람이 5천원짜리 설렁탕을 먹든 부가가치세는 모두 500원이다. 그러나 1억원을 버는 사람과 1천만원 버는 사람의 소득세에는 상당한 차이가 있다. 그래서 직접세이고 누진세율을 적용하며 소득재분배의 효과가 있는 것이다. 결국 소득세를 계산할 때에는 수입을 얼마로 확정하고 이에 대응하는 비용을 얼마로 확정하느냐가 중요한 작업이 될 것이다.

이 장에서는 이러한 소득세의 특성들을 하나하나 알아보고, 장부의 중요성과 수입과 비용 중 인정되는 것과 인정되지 않는 것, 소득세 신고방법 등을 알려주고자 한다.

소득세가 많이 나오면 기쁘게 생각해야 한다. 그만큼 자신의 소득이 많다는 말이 되니까. 친구들과 만나면 가끔 농담처럼 말한다. "소득세 한번 왕창 내봤으면 좋겠다. 국세청 세무조사도 좀 받아보고, 그거 아무나 하는 거 아니다."라고….

01 소득세 개념 따라잡기

지난해 초 개업을 한 이풍식 씨는 5월 종합소득신고기간이 되어 소득세를 신고하러 갔다. 그런데 세무신고를 하는 중에 우연히 옆에 신고하러 온 사업자가 자신과 매출이 같은데 그보다 자신이 300만원을 더 낸다는 사실을 알게 되었다. 억울한 마음에 세무사 사무실로 찾아가 따졌더니 1년 동안의 수입이 같더라도 비용, 장부기장의 여부에 따라 세금 액수가 달라질 수 있다는 대답만 들었다. 결국 세금에 대해 1년 내내 신경 써야 한다는 소리를 듣자 소득세에 대해 더욱 복잡한 생각이 들었다.

소득세가 복잡하고 어렵다는 생각이 드는 가장 큰 이유는 소득을 유형별로 구분해서 계산하기 때문이다. 소득은 그 발생원천별로 크게 이자소득, 배당소득, 사업소득, 근로소득, 연금소득, 기타소득, 퇴직소득, 양도소득의 8가지로 구분한다. 이 중에서 우리가 흔히 종합소득이라고 말하는 소득은 이자소득, 배당소득, 사업소득, 근로소득, 연금소득, 기타소득이다. 퇴직소득과 양도소득은 별도로 계산해서 신고하도록 구분되어 있다. 각 소득별로 수입금액과 필요경비를 대응시켜 소득금액을 계산한 다음, 각 소득을 종합소득이라는 그릇에 담아서 소득공제를 한 후 세율을 적용하면 소득세가 산출된다.

근로소득과 사업소득이 있는 경우에도 각각 소득금액을 계산해서 합하면 종합소득금액이 되고 여기에 각종 소득공제를 한 후 세율을 적용하면 1년 동안 번 소득에 대한 소득세가 계산되는 것이다. 따라서 여기저기서 소득이 발생하더라도 소득세는 한 번만 계산해서 내면 된다.

여기서는 종합소득 중에서 사업과 관련된 사업소득에 대해 좀 더 알아보기로 하자.

소득세의 과세방법

소득세 과세기간은 1월 1일부터 12월 31일까지다. 이는 법인과는 달리 사업자가 임의로 변경할 수 없다. 소득세의 과세방법으로는 크게 종합과세, 분리과세, 분류과세로 나눌 수 있다. 앞에서 말한 소득 8가지는 모두 이 셋 중 하나의 방법으로 계산한다.

1_ 종합과세

소득의 종류에 상관없이 과세기간을 기준으로 소득을 합산하여 과세하는 방식을 말한다. 종합과세 대상이 되는 소득으로는 이자소득, 배당소득, 사업소득, 근로소득, 연금소득, 기타소득이 있다. 종합과세란 이렇게 소득을 원천별로 구분하여 각각 수입금액에서 필요경비를 제외한 다음 종합소득으로 묶어 각종 소득공제를 한 다음 누진세율을 적용하는 과세방법을 말한다.

2_ 분리과세

과세기간을 기준으로 합산하지 않고 소득이 지급될 때 원천징수로서 과세를 종결하는 것을 말한다. 가장 대표적인 것이 이자소득과 배당소득이다. 우리가 저축을 하거나 주식을 사면 이자소득과 배당소득이 발생한다. 5월에 종합소득세 신고를 할 때 이러한 이자소득과 배당소득을 합산하여 신고하지 않는 것은 이자와 배당을 지급받을 때 이미 소득세를 원천징수를 한 나머지를 받고 이것으로 세금이 종결되기 때문이다. 이를 분리과세라 한다. (하지만 이자·배당 소득의 경우에는 조건부 분리과세라 하여 이자·배당 소득의 합이 2,000만원 초과인 경우에는 종합소득세와 합산하여 신고해야 한다.)

3_ 분류과세

재직기간 동안 누적된 소득이 퇴직하는 해에 소득으로 모두 잡힌다면 일시에 많은 소득이 발생할 것이다. 또한 양도소득도 보유기간 동안의 소득증가분이 양도시점에 모두 과세되어 일시에 많은 소득세를 부담해야 하는 문제가 발생한다. 따라서 이러한 퇴직소득과 양도소득은 다른 종합소득과 합산하여 소득세를 계산하지 않고 별도의 계산방식에 의해 소득세를 산정한다. 이를 분류과세라 한다.

종합소득에 대한 세율 체계를 살펴보면 다음과 같다.

| 소득세의 세율과 신고납부 |

(단위 : 원)

과세표준	세율	누진공제
1,200만원 이하	6%	
4,600만원 이하	15%	1,080,000
8,800만원 이하	24%	5,220,000
1억 5000만원 이하	35%	14,900,000
5억 원 이하	38%	19,400,000
5억 원 초과	40%	29,400,000

※ 누진공제란 누진 구간에 따라 달리 적용되는 세율에 대해 초과 계산된 크기만큼을 공제하여 주는 것을 말한다.

종합소득에 대한 세금은 다음 해 5월 1일부터 5월 31일까지 관할 세무서에 신고 및 납부해야 한다. 즉, 2013년에 발생한 소득은 2014년 5월에 신고납부하게 되어 있다. 여기서 주의할 점은 소득세는 사업장별로 과세되는 것이 아니고 개인별 연간소득에 대해 세율을 적용하므로 똑같은 소득이 발생한 사업장 A와 B가 있는 경우에도 A사업장은 사장이 갑 1인이고 B사업장은 을, 병의 공동사업자가 운영하는 경우라면 갑이 부담하는 세율보다 을, 병이 부담하는 세율이 더 작을 수 있다는 점이다. 즉, 갑은 1억원의 소득에 대해 35%의 세율을 적용받았으나 을, 병은 각각 5,000만원에 24%의 세율을 적용받으므로 을, 병의 세금을 합친 것보다 갑이 부담하는 세금이 더 많다.

소득세는 부가가치세와 마찬가지로 세법의 내용이 쉬운 것이 없기 때문에 다소 이해하는 데 어려움이 있다. 따라서 처음부터 이해하려고 하지 말고 필요할 때마다 찾아보면서 활용하는 것이 좋다.

세액을 감면받은 경우 농어촌특별세 납부

사업을 하다 보면 일정한 요건을 만족하는 경우에 세금을 감면받기도 한다. 이때 감면받은 세금에 대해서는 농어촌특별세가 부과된다. 농어촌특별세는 농어촌 산업의 경쟁력 강화와 기반시설 확충 및 농어촌지역 개발사업을 위해 필요한 재원을 확보하기 위해 재정된 세금이다.

주의를 기울인다면 내지 않아도 되는 가산세

다른 사업자와 비교했을 때 똑같은 이익을 얻어 똑같은 세금을 납부한다면 문제가 없지만 작은 실수로 인해 가산세를 부담하여 많은 세금을 내게 된다면 그것보다 억울한 일은 없다. 그러나 주변을 살펴보면 조그만 실책으로 인해 가산세를 부담하는 사업자가 많다. 사업자라면 항상 가산세에 대비할 필요가 있다.

2007년부터 부당한 방법에 의해 신고의무를 위반하는 등의 경우 40%의 가산세가 부과된다. 이는 결코 적은 액수가 아니다. 가산세는 조금만 신경을 쓰면 전혀 부담할 필요가 없는 세금이므로 항상 가산세 부분을 확인해둠으로써 불필요한 세금이 나가지 않도록 주의해야 한다.

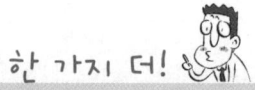

● **소득세에 항상 따라붙는 지방소득세**

지방소득세는 지방세이며 소득세와 법인세는 국세다. 즉, 지방소득세도 소득에 대한 10%의 세액을 추가로 징수하여 지방자치단체를 지원하기 위한 세금이다. 신고납부기한은 본세(소득세, 법인세, 농업소득세)의 신고일까지다. 소득세로 1억원이 나왔다고 해서 지방소득세를 생각하지 않고 1억원만 준비한다면 낭패를 보게 된다. 소득세의 10%가 항상 지방소득세로 붙는다고 생각해야 한다. 또한 지방소득세는 종합소득뿐만 아니라 양도소득에 대해서도 동일하게 적용된다.

02 사업자는 사업소득을 알아야 한다

가구점을 운영하는 박재성 씨에게는 딸만 셋이 있다. 그중 막내딸이 올해 시집을 가게 되었다. 혼수품 준비에 정신없는 막내딸에게 박재성 씨는 "혼수품 살 때 가구는 사지 마라. 아비가 가구점을 하니 가구나 침대는 우리 회사 물품으로 해주마."라고 말했다. 그리고 새로 신혼살림을 시작할 아파트로 회사의 가구를 운반해주었다.

막내딸을 시집보낸 다음 해에 세무서에서 연락이 왔다.

"박재성님, 올해 종합소득세를 적게 신고하셨습니다. 조만간 부족한 세금과 그에 대한 가산세를 고지하도록 하겠습니다."

"무슨 말씀이시죠? 저처럼 성실납부에 앞장서는 사람에게 가산세라니, 도무지 납득이 가지 않습니다."

박재성 씨는 뭐가 잘못된 것인지 이해가 가지 않았다.

사업소득의 계산구조

법인 외의 사업자는 사업소득에 대한 종합소득세를 납부해야 한다. 다음은 사업소득(부동산임대소득 포함)을 구하는 계산식이다.

> 사업소득금액(부동산임대소득 금액) = 총수입금액 − 필요경비

총수입금액과 필요경비의 범위를 파악하면 사업소득금액을 손쉽게 구할 수 있다. 총수입금액은 수익, 사업소득은 전체 종합소득 중 사업과 관련된 수익이라고 생각하면 된다. 즉, 사업소득은 상식적으로 생각하는 사업 관련 매출에서 앞에서 말한 내용을 가감한 후 필요경비를 빼는 형식으로 구하는 것이라고 할 수 있다.

사업소득의 범위

사업소득은 사업을 통해 발생한 소득이기 때문에 소득세가 부과된다. 따라서 다음에 해당하는 업종의 소득에 대해서는 소득세를 부담해야 한다.

① 농업(단, 작물재배업의 경우 사업소득에서 제외된다. 농업소득 가운데 작물재배업에서 발생하는 소득에 대해 지방세법상 농업소득세가 과세되기 때문에 이중과세를 피하기 위해서다), 임업, 어업
② 광업
③ 제조업
④ 전기, 가스 및 수도사업

⑤ 건설업(주택신축판매업을 포함한다. 사업성이 있는 부동산의 판매나 양도와 관련하여 주택신축판매업은 건설업으로 보고 그 외에는 부동산매매업으로 본다)
⑥ 도매업 및 소매업
⑦ 숙박 및 음식점업
⑧ 운수업 및 통신업
⑨ 금융 및 보험업
⑩ 부동산업(부동산임대소득에 해당하는 사업 및 부동산매매업 제외), 임대업, 사업서비스업
⑪ 부동산매매업
⑫ 교육서비스업
⑬ 보건 및 사회복지사업
⑭ 사회 및 개인서비스업
⑮ 가사서비스업

총수입금액에 해당하는 것은 꼼꼼히 따지자

매출액(매출환입, 매출에누리, 매출할인금액은 제외)은 기본적으로 총수입금액에 포함된다. 만약 거래처로부터 장려금 명목으로 돈을 받았다면 어떻게 처리해야 할까? 거래 상대방으로부터 지급받은 장려금 혹은 기타 이와 유사한 성질의 금액도 총수입금액으로 처리한다. 병원이나 약국은 종종 제약회사로부터 판매장려금을 받는다. 이러한 판매장려금은 소득이 아니라고 생각하기 쉽지만, 소득세법은 판매장

려금도 소득으로 보아 총수입금액에 산입한다. 사업과 관련하여 증여를 받으면 자산수증이익으로 보고, 갚아야 할 채무를 면제해준 경우도 채무면제이익이라고 하여 총수입금액에 포함된다.

사업과 관련되지 않은 자산수증이익이나 채무면제이익은 어떻게 처리할까? 이것은 개인 신분으로 증여받은 것으로 보아 증여세를 과세한다. 이외에도 관세환급금 등 필요경비로서 지출된 세액이 환입되었거나 환입될 금액, 퇴직과 관련된 보험차익이나 신탁이익, 사업과 관련하여 당해 사업용 자산의 손실로 인해 취득하는 보험차익, 재고자산을 가사용으로 소비하거나 종업원 및 타인에게 지급하는 경우 그 가액, 기타 사업과 관련된 수입금액은 모두 총수입금액에 포함된다.

박재성 씨는 비록 자신의 회사에서 제조한 가구를 딸에게 혼수품으로 준 것뿐이지만 이는 소득세법상 총수입금액에 포함되기 때문에 세무서로부터 추가납부세금에 대한 고지를 받게 된 것이다.

총수입금액에 포함되지 않는 것도 꼼꼼히 따지자

소득세 또는 지방소득세 환급분, 자산수증이익 및 채무면제이익 중 이월결손금의 보전에 충당된 금액, 전년도부터 이월된 소득금액, 사업자가 자가생산한 제품 등을 다른 제품의 원재료 등으로 사용한 금액, 자기의 총수입금액에 따라 납부하거나 납부할 개별소비세, 주세, 교통세, 에너지세, 환경세 그리고 국세 또는 지방세 등의 과오납금의 환급금에 대한 이자와 부가가치세의 매출세액은 총수입금액에 포함하지 않는다. 박재성 씨가 딸에게 준 가구의 시가는 비록 총수입금액에 산입하지만 그에 대한 원가는 필요경비로 인정한다.

03 장부는 항상 꼼꼼히 정리하라

작년부터 동네에서 편의점을 운영한 최민옥 씨는 올해 가게 매출이 많이 올라 기분이 좋았다. 최민옥 씨는 조그마한 소매점에서 무슨 장부냐 싶어 물건을 팔고 난 뒤에 장부를 전혀 작성하지 않았다. 그러던 중 종합소득세 신고기간이 되어 근처 세무사 사무실을 방문한 최민옥 씨는 뜻밖의 이야기를 듣게 되었다. 올해에는 장부를 전혀 작성하지 않았기 때문에 가산세를 추가로 내야 한다는 말이었다. 최민옥 씨는 작년에도 장부를 작성하지 않고 신고를 했지만 가산세를 물지 않았다고 반문했다. 세무사는 작년에는 신규사업자라 매출규모가 작아 세법상 소규모 사업자로 보기 때문에 장부를 작성하지 않아도 가산세를 적용하지 않았지만 올해에는 신규사업자도 아니고 소규모 사업자에 해당하지도 않기 때문에 무기장가산세를 부담해야 한다는 것이었다.

복식부기와 간편장부

사업자가 사업을 하면서 사업과 관련된 내용을 기록하고 증빙서류를 보관해야 하는데, 이를 기장이라고 한다. 기장은 거래내용의 사실을 입증하는 중요한 자료이기 때문에 사업자라면 꾸준히 작성해야 한다. 그래야 비용으로 인정도 받고 가산세도 부담하지 않는다. 이러한 기장은 기본적으로 복식부기 방법에 의해 기록하고, 예외적으로 간편장부에 의한 기장을 허용하기도 한다. 복식부기란 자산이나 부채의 증감 또는 손익거래의 발생 등을 차변과 대변에 기록하는 것으로, 기장을 한 장부는 5년간 따로 보관해야 한다.

회계에 대한 기초 지식이 없는 사업자의 경우 작성하기가 힘들기 때문에 사업의 규모가 크거나 법인인 경우에는 대부분 회계팀이나 경리팀을 따로 두어 기장을 한다. 그러나 영세한 사업자들이 따로 회계팀이나 경리팀을 운영하는 것은 무리이기 때문에 소득세법은 일정한 조건에 해당되면 복식부기로 기장을 하지 않더라도 불이익을 주지 않도록 규정하고 있다. 이런 사업자를 간편장부 대상자라고 하는데, 간편장부 대상자의 범위를 살펴보면 다음과 같다.

| 간편장부 대상 기준 |

업종	기준수입금액 (직전연도)
① 농업·임업 및 어업, 광업, 도배 및 소매업(상품중개업을 제외), 제122조 제1항에 따른 부동산매매업, 그밖에 제2호 및 제3호에 해당하지 않는 사업(2013.2.15 개정)	3억 원

② 제조업, 숙박 및 음식점업, 전기 · 가스 · 증기 및 수도사업, 하수 · 폐기물처리 · 원료재생 및 환경복원업, 건설업(비주거용 건물 건설업은 제외하고, 주거용 건물 개발 및 공급업을 포함), 운수업, 출판 · 영상 · 방송통신 및 정보 서비스업, 금융 및 보험업, 상품중개업(2013. 2. 15 개정)	1억 5,000만 원
③ 법 제45조 제2항에 따른 부동산 임대업, 부동산관련 서비스업, 임대업(부동산임대업을 제외), 전문 · 과학 및 기술 서비스업, 사업시설관리 및 사업지원 서비스업, 교육 서비스업, 보건업 및 사회복지 서비스업, 예술 · 스포츠 및 여가관련 서비스업, 협회 및 단체, 수리 및 기타 개인 서비스업, 가구내 고용활동(2013. 2. 15 개정)	7,500만 원

※ 2013. 2. 15 개정내용
  ⇨ 2014. 1. 1 이후 발생하는 소득 분부터 적용
  • 부동산서비스업 : 1호(3억원) → 3호(7,500만 원)
  • 동산임대업 : 1호(3억원) → 3호(7,500만 원)
  • 상품중개업 : 1호(3억원) → 2호(1억 5,000만 원)

　이처럼 기준금액에 미달하는 업종을 영위하는 사업자는 복식부기로 기장을 하지 않아도 아무런 문제가 없다. 그러나 의료업, 수의업, 약사업, 변호사업, 심판변론인업, 변리사업, 법무사업, 공인회계사업, 세무사업 등 사업서비스를 영위하는 사업자의 경우 대상 기준을 만족한다고 하더라도 간편장부 대상자에서 제외되므로 복식부기로 기장을 해야 한다. 그렇다고 너무 걱정하지는 말자. 세무회계사무실에 맡기면 영세업자도 쉽게 기장을 할 수 있다. 사업자에게 장부기장의 의미는 세무서로부터 최대한 비용을 인정받는 것이므로 비용이 좀 들더라도 세무회계 사무실에 맡기는 것이 훨씬 유리하다.

기장하지 않으면 가산세를 물게 된다

복식부기 의무자와 간편장부 대상자에 해당하는 경우 기장을 하지 않으면 무기장 가산세를 부담하게 된다. 사업자에 따라 그 기준을 살펴보면 다음과 같다.

구분	기장을 한 경우	기장을 하지 않은 경우
복식부기 의무자	×	무기장가산세
간편장부 대상자	기장세액공제	무기장가산세
소규모 사업자	기장세액공제	×

소규모 사업자란 해당 과세기간에 신규로 사업을 시작하거나 부동산임대소득 또는 사업소득의 수입금액 합계액이 4,800만원에 미달하거나 연말정산되는 사업소득만 있는 사업자를 말한다. 여기서 연말정산이 가능한 사업소득이란 간편장부 대상자인 보험모집인과 방문판매인을 말한다. 소규모 사업자를 제외한 사업자가 장부를 비치하거나 기장하지 않는 경우 또는 기장해야 할 금액에 미달하는 경우에는 무기장 가산세를 부담하게 된다. 무기장 가산세는 장부에 기장하지 않은 부분, 즉 무기장한 부분이 전체 과세표준에서 차지하는 비율에 해당하는 산출세액의 20%를 추가로 가산세를 부과하는 것이다. 기장된 부분의 경우 같은 방법에 의하여 세금을 기장세액으로 공제해준다. 간편장부 대상자가 복식기장을 하는 경우는 20%의 세금을 공제받을 수도 있다. 단, 장부에 의해 신고해야 할 소득금액의 20% 이상을 누락하여 신고하거나 기장세액 공제와 관련된 장부 및 증빙서류를 종합소득세 신고 후 5년간 보관하지 않은 경우에는 기장세액공제를 적용받지 못한다.

04 필요경비 비용 범위 파악해두기

고태영 씨는 이번에 종합소득세 신고를 준비하다가 고민에 빠졌다. 소득세를 계산할 때 사업과 관련한 비용은 필요경비로 차감하는 것이라고 해서 작년에 사업하면서 냈던 소득세와 지방소득세도 비용으로 차감하여 계산하려고 했는데, 사업을 하는 친구에 의하면 소득세와 지방소득세는 필요경비로 인정받을 수 없다는 것이다. 고태영 씨는 친구와 "이 세금도 분명히 내 사업에서 발생한 비용들인데 왜 인정받지 못하느냐"고 설전을 벌이다가 비용으로 신고하기로 했다. 고태영 씨는 소득세와 지방소득세를 필요경비로 인정받을 수 있을까?

소득세법상 필요경비란 단순하게 비용이라고 생각하면 된다. 이것이 많을수록 세금은 줄어드는데, 그렇다고 모든 비용을 필요경비로 인정하는 것은 아니다. 필요경비로 인정하는 범위는 다음과 같다.

① 판매한 상품 또는 제품에 대한 원료의 매입가격(매입 에누리 및 매입할인금액은 제외)과 그 부대비용

② 주택신축판매업 및 부동산매매업의 경우 부동산 양도 당시 장부가액

③ 종업원의 급여

④ 국민건강보험료나 고용보험료 및 분담금

⑤ 총수입금액을 얻기 위해 직접 사용된 부채에 대한 지급이자

⑥ 사업용 고정자산의 감가상각비

⑦ 거래수량 또는 거래금액에 따라 상대방에게 지급하는 장려금 기타 이와 유사한 성질의 금액

⑧ 그 외에 위의 경비와 유사한 성질의 것으로서 당해 총수입금액에 대응하는 경비

일정부분 비용으로 인정하는 기부금과 접대비

필요경비에 해당하는 것은 아니지만 일정부분 비용으로 인정해주는 부분이 있는데, 대표적인 것으로 기부금과 접대비가 있다.

1_ 기부금

대표자와 아무런 관련이 없는 사람에게 사업과 직접 관련 없이 무상으로 지출하는 재산적 증여를 말한다. 기부금은 업무와 관련이 없는 지출이므로 본래 비용으로 인정받을 수 없지만 기부문화를 활성화하고 공익성이 있는 것은 특별히 비용으로 인정해줄 필요가 있기 때문에 일정한 한도액 내에서 비용으로 인정한다.

2_ 접대비

접대비, 사례비, 기타 업무와 관련하여 지출되는 비용이다. 단, 이러한 비용을 모두 인정할 경우 접대비의 무분별한 지출로 기업 재무구조를 악화시키는 등 사회적으로 바람직하지 않기 때문에 일정한 한도 내의 금액만 비용으로 인정한다.

기부금과 접대비에 대한 소득세법과 법인세법 규정은 약간의 차이가 있으나 세법상 한도가 정해져 있기 때문에 무분별한 지출은 비용으로 인정하지 않는다.

비용으로 인정되는 부가가치세

부가가치매입세액은 비용으로 인정되지 않는다. 부가가치세를 납부할 때 매출세액에서 매입세액으로 공제를 했기 때문이다. 그러나 매입세액으로 공제받지 못하는 매입세액에 대해서는 소득세법상 필요경비로 인정한다. 이에 해당하는 것은 다음과 같다.

① 부가가치세 면세사업과 관련된 매입세액
② 비영업용 소형승용차 구입 및 유지에 관한 매입세액
③ 부가가치세 간이과세자가 납부한 부가가치세액
④ 접대비 및 이와 유사한 지출에 관련된 매입세액
⑤ 부동산임차인이 부담한 전세금 등의 간주임대료에 대한 매입세액
⑥ 영수증을 교부받은 거래분에 포함된 매입세액으로서 매입세액 공제대상이 아닌 금액

이처럼 매출세액에서 공제되지 않는 매입세액에 대해서는 소득세법상 비용으로 인정한다. 그러나 부가가치세법상 의무를 이행하지 않아서 공제받지 못한 매입세액은 비용으로 인정하지 않는데, 이에 해당하는 것은 다음과 같다.

① 세금계산서 불명 또는 합계표 미제출로 인해 공제받지 못한 매입세액
② 사업과 관련 없는 지출로 인해 공제받지 못한 매입세액
③ 사업자 미등록으로 인해 공제받지 못한 매입세액

● 거래처 파산으로 매출세액을 징수하지 못했다면 세액공제를 받아라

사업을 하다 보면 거래처에 재화 등을 공급하고 세금계산서를 교부했지만 거래처의 갑작스런 파산으로 부가가치세를 징수하지 못하는 경우가 빈번하다. 외상매출에 대한 부가가치세를 납부하고 거래처의 파산으로 매출세액을 징수하지 못했다면 이는 거래처에서 부담할 세금을 공급자가 부담한 것과 같다. 따라서 공급자의 선택 여부에 따라 이미 납부한 부가가치세에 대해서 세액공제를 받거나, 소득세나 법인세를 계산할 때 비용으로 처리할 수 있다. 이때 비용으로 공제하는 것보다 세액공제를 적용받는 것이 세금을 줄이는 데 유리하다.

05 사업이 어렵다면 중간예납추계액을 신고하라

정윤수 씨는 A동네에서 유일한 슈퍼마켓을 운영하고 있다. 그러다 보니 다른 지역의 슈퍼마켓보다 월등한 매출을 올릴 수 있었다. 물건이 들어오기 무섭게 팔려나가 재고는 거의 찾아볼 수 없었다. 그 결과 작년 정윤수 씨의 순이익은 2억원에 달했다. 그러나 올해는 사정이 달라졌다. 근처에 대형마트가 들어섰기 때문이다. 주민들은 가격도 저렴하고 상품도 다양한 대형할인점을 이용했다. 결국 정윤수 씨의 매출은 급격히 줄어들었고 재고물건도 갈수록 쌓여만 갔다. 결국 올해 순이익은 2천만원에 불과했다. 어려운 와중에 정윤수 씨에게 소득세 중간예납에 대한 고지서가 날아왔는데, 내야 할 세금이 2천만원이나 됐다.

중간예납은 작년 소득세액의 2분의 1을 올해 11월에 미리 납부하는 것을 말한다. 이렇게 하면 이듬해 5월에 확정신고를 할 때 올해 납부한 세액만큼 차감받게 된다. 그러나 정윤수 씨처럼 작년에 많은 소득을 올렸지만 올해 갑작스런 사업 부진으로 소득이 많이 줄었다면 중간예납으로 인해 어려움을 겪을 수 있다. 중간예납은 올해의 사업부진을 기준으로 세금을 고지하는 것이 아니라 작년에 올린 소득을 기준으로 부과하기 때문이다. 이런 경우에는 직전연도의 소득이 아닌 올해 1월부터 6월까지의 소득을 중간예납하겠다고 신고할 수 있다. 이를 중간예납추계액 신고라고 한다.

중간예납추계액은 매년 11월 1일부터 11월 30일까지 관할 세무서장에게 신고하고, 11월 30일까지 납부해야 한다. 중간예납추계액 신고는 사업자가 현재 비치·기장하고 있는 장부를 근거로 계산하므로 장부를 비치·기장하지 않으면 중간예납추계액을 신고할 수 없다.

매년 11월 소득세 중간예납을 잊지 말자

종합소득이 있는 거주자는 1월 1일부터 6월 30일까지 소득에 대한 중간예납세액을 결정하여 징수하는데, 이것을 중간예납이라고 한다. 중간예납은 종합소득에 대해서만 징수하며, 퇴직소득이나 양도소득에 대해서는 중간예납을 하지 않는다.

국내 거주자만이 중간예납 의무를 부담하는데, 다음과 같은 요건을 충족하는 경우에는 거주자라 하더라도 중간예납 의무를 부여하지 않는다.

① 이자소득, 배당소득, 근로소득, 연금소득, 기타소득만 있는 자
② 속기, 타자 등 사무관련 서비스업을 영위하는 사업자
③ 자영예술가(저술가, 화가, 배우, 가수, 영화감독, 연출가, 촬영사 등)와 자영경기업(직업선수, 코치, 심판 등)

④ 보험모집인

⑤ 방문판매원

⑥ 부동산임대소득 및 사업소득 중 수시부과(정당한 사유 없이 세금을 포탈하려고 하거나 폐업신고를 한 경우로서, 사업자가 수시부과를 신청하는 경우 수시로 세금을 부과하는 것)하는 소득

⑦ 신규사업자

중간예납을 많이 할수록 세금을 많이 낸다?

중간예납을 많이 한다고 해서 세금을 많이 내는 것이 아니다. 왜냐하면 다음 해 종합소득세 확정신고를 할 때 중간예납으로 납부한 세금을 기납부세액으로 공제해주기 때문이다.

예를 들어 갑과 을의 1년간 세금이 각각 1억원이라고 하자. 이때 갑의 중간예납세액이 4천 만원이고 을의 중간예납세액은 6천만원이라고 가정했을 때 종합소득 확정신고 시 갑과 을이 부담해야 할 세금은 다음과 같다.

```
갑 : 1억원 - 4천만원 = 6천만원
을 : 1억원 - 6천만원 = 4천만원
```

결국 갑과 을이 1년간 부담해야 하는 세금은 동일하다. 그러나 사업자의 입장에서는 자금을 조달하는 것이 가장 큰 문제이기 때문에 되도록 중간예납을 적게 부담하는 것이 유리하다. 세금이 100만원밖

에 되지 않는다면 별 차이가 없지만 세금이 1억원을 상회한다면 그에 따른 이자부분을 감안하더라도 중간예납은 적게 부담하는 것이 유리하다.

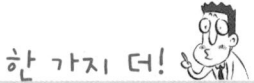

● **법인 경우의 중간예납**

중간예납세액을 계산하는 방법은 두 가지가 있다. 직전 사업연도의 실적을 기준으로 하는 방법과 가결산하는 방법이다. 직전 사업연도의 법인세액이 없는 법인이거나 중간예납기간 만료일까지 직전 사업연도 법인세가 확정되지 않은 경우에는 가결산방법에 의해 중간예납세액을 계산한다. 분할신설법인 및 상대방 법인의 분할 후 최초의 사업연도인 경우에도 가결산방법에 의해 중간예납세액을 계산한다.

중간예납세액은 중간예납기간이 경과한 날부터 2월 이내에 관할 세무서, 체신관서 기타 금융기관에 납부해야 한다. 1월 1일부터 12월 31일까지 1 사업연도인 법인은 8월 31일까지 중간예납세액을 납부하여야 한다. 이때 법인세 중간예납신고납부계산서를 관할 세무서장에게 제출해야 한다. 단, 가결산방법에 의해 계산하는 경우에는 대차대조표, 손익계산서, 조정계산서를 첨부해야 한다. 법인이 납부해야 할 중간예납세액을 납부하지 않은 경우에는 중간예납 납부기한이 경과한 날로부터 2월 이내에 중간예납 법인세를 징수하게 된다.

06 사업과 관련 없어도 공제 가능한 소득공제 및 세액공제

김향숙 씨는 수년간의 미용 실무를 바탕으로 미용실을 개업했다. 남들보다 꼼꼼한 성격이라서 그런지 김향숙 씨의 미용 솜씨는 날로 늘었고 손님도 많아졌다. 어느 정도 소득이 많아지자 슬슬 세금이 걱정된 김향숙 씨는 자신이 1년간 부담한 연금보험 영수증, 의료보험 영수증, 신용카드 영수증, 현금 영수증 등 모든 영수증을 모아서 전부 소득공제를 받으리라 생각했다.

소득세법은 일정한 요건이 갖추어지면 소득금액의 일부를 공제해주거나, 산출세액의 일부를 공제해주는데 이를 소득공제 및 세액공제라고 한다. 그러나 모든 소득에 대해서 소득공제 및 세액공제를 적용하는 것은 아니다. 여기서는 개인사업자에 대한 소득공제 및 세액공제를 살펴보자.

누구나 공제 가능한 인적공제

소득세법상 공제항목은 크게 인적공제와 특별공제(특별소득공제+특별세액공제) 및 조세특례제한법상 공제가 있다. 인적공제는 말 그대로 사람에 대해 적용되는 것이고 특별공제 등은 그 외에 일정한 사유가 있는 경우에 적용된다. 종합소득(이자소득, 배당소득, 사업소득, 근로소득, 연금소득, 기타소득)이 있는 사업자라면 누구나 인적공제를 받을 수 있다. 즉, 양도소득과 퇴직소득을 제외한 소득이 있는 경우에는 인적공제를 받을 수 있다. 인적공제는 다시 기본공제, 추가공제, 자녀세액공제로 나뉜다.

1_ 기본공제

종합소득이 있는 사업자는 본인과 그 가족 1명당 150만원을 곱한 금액을 종합소득금액에서 공제해준다. 가족의 경우 일정한 요건을 만족해야 공제대상에 포함된다. 다음 표를 통해 해당 요건을 구체적으로 살펴보자.

| 기본공제 범위 |

구분	공제대상	연령요건	연간소득금액요건
본인공제	거주자 본인	×	×
배우자공제	본인의 배우자	×	100만원 이하
부양가족공제 (당해 거주자와 생계를 같이하는 부양가족)	직계존속	60세 이상	100만원 이하
	직계비속	20세 이하	100만원 이하
	형제자매	20세 이하 또는 60세 이상	100만원 이하
	국민기초생활보장법에 의한 보호대상자	×	100만원 이하
	위탁아동	×	100만원 이하

장애인은 연령 제한을 받지는 않지만 소득금액의 제한은 받는다. 여기서 연간소득금액이란, 종합소득금액, 퇴직소득금액, 양도소득금액의 합계액을 말하며 비과세소득과 분리과세소득은 제외한다.

2_ 추가공제

기본공제 대상자가 다음의 공제요건을 충족하는 경우에는 추가공제를 받을 수 있다. 그러므로 추가공제를 받기 위해서는 먼저 기본공제 대상자에 해당되어야 한다. 공제의 범위는 다음과 같다.

| 추가공제 범위 |

구분	공제요건	추가공제액
경로우대자 공제	기본공제 대상자가 70세 이상인 경우	1인당 100만원
장애인공제	기본공제 대상자가 장애인인 경우	1인당 200만원
부녀자공제	배우자가 없는 여성으로서 부양가족이 있는 세대주이거나 배우자가 있는 여성인 경우	1인당 50만원
한부모 소득공제	해당 거주자가 배우자가 없는 사람으로서 기본공제대상자인 직계비속·입양자가 있는 경우	연 100만원

3_ 자녀세액공제

근로소득 또는 사업소득이 있는 거주자의 기본공제대상자에 해당하는 자녀가 있는 경우, 산출세액에서 공제한다.

구분	다자녀 추가공제액
자녀 1명	연 15만원
자녀 2명	연 30만원
자녀 3명 이상	연 30만원 + 2명을 초과하는 1명당 연 20만원

근로소득이 있는 사람만 공제 가능한 특별공제(특별소득공제 + 특별세액공제)

특별공제는 크게 항목별공제와 표준세액공제로 나뉜다. 항목별공제의 종류에는 보험료공제, 의료비공제, 교육비공제, 주택자금공제, 기부금공제가 있다. 그러나 특별공제는 대부분 근로소득이 있는 사람을 대상으로 한 제도이기 때문에 단순히 사업만을 영위하는 사업자는 기부금공제와 표준세액공제만 받을 수 있다.

단, 사업자에게 다른 근로소득이 있는 경우에는 특별공제도 모두 적용받을 수 있다. 표준세액공제액은 요건에 따라 12만원 또는 7만원을 산출세액에서 공제한다. 특별공제와 표준공제의 적용범위에 대해 표를 통해 알아보자.

| 특별공제와 표준공제 적용범위 |

대상	특별공제와 표준공제
근로소득이 있는 자	항목별공제와 표준공제 (연 12만원) 중 선택
근로소득이 없는 자로서 성실사업자	기부금공제 + 표준공제(연 12만원) 단, 추가로 일정한 요건을 갖춘 경우에는 의료비공제와 교육비공제도 가능함
근로소득이 없는 자로서 성실사업자가 아닌 경우	기부금공제 + 표준공제(연 7만원)

여기서 성실사업자란 다음 요건을 모두 갖춘 사업자를 말한다. 신용카드 가맹점 및 현금영수증 가맹점으로 모두 가입한 사업자로서 해당 과세기간에 신용카드매출전표 또는 현금영수증의 발급을 거부하거나 사실과 다르게 발급한 사실이 없는 사업자, 전사적 기업자원관리설비(ERP) 또는 판매시점정보관리시스템설비(POS)를 도입한 사업자, 장부를 비치·기장하고 그에 따라 소득금액을 계산하여 신고한 사업자, 사업용계좌를 개설·신고하고 해당 과세기간에 사업용계좌를 사용해야 할 금액의 3분의 2 이상을 사용한 사업자를 뜻한다.

표를 통해 살펴본 결과 사업자가 받을 수 있는 공제의 범위는 근로소득자와는 달리 기부금공제와 표준공제로 한정된다(단, 경우에 따라 의료비공제와 교육비공제도 가능하다). 그러나 사업자라도 근로소득이 있다면 모든 소득공제 및 세액공제를 적용받을 수 있다. 표준공제는 성실사업자의 요건에 해당하는지 아닌지에 따라 공제액이 결정된다.

근로소득 여부에 관계없이 적용받는 기부금공제

기부금이란 사업과 관련이 없는 비용이므로 원래 비용으로 인정받을 수 없는 금액이다. 그러나 건전한 기부문화를 활성화하기 위한 방침으로, 일정한 한도 내의 기부금에 대해서는 비용으로 공제받을 수 있다. 소득세법상 기부금공제를 적용하는 방법으로는 다음과 같이 두 가지가 있다.

| 기부금공제 적용방법 |

공제방법	내용
필요경비 산입	사업소득(부동산임대소득 포함)을 계산할 때 필요경비에 산입
기부금공제 적용	종합소득결정세액을 계산할 때 종합소득산출세액에서 공제

이처럼 사업자는 기부금에 대해 필요경비로 산입할 수 있고 기부금공제로 세액공제를 적용받을 수도 있다. 단, 필요경비에 포함시킨 기부금액만큼 기부금공제를 적용받는 금액에서 차감한다. 이는 같은 비용에 대해 이중으로 공제하는 것을 방지하기 위해서다.

기부금은 크게 법정기부금, 우리사주조합기부금, 지정기부금, 비지정기부금으로 구분할 수 있으며, 기부금에 따라 공제받을 수 있는 금액도 다르다. 여기서 비지정기부금이란 기부금의 성격은 가지고 있으나 법적으로 공제대상에 해당하지 않는 기부금을 말한다.

사업자는 자신이 지출하는 기부금이 어디에 해당하는지를 파악해 두어야 한다. 기부금인 줄 알고 기부했다가 나중에 기부금으로 인정받지 못하는 경우가 생길 수 있기 때문이다. 또한 기부를 하면 필히 영수증을 받아두어 기부금으로서의 증빙을 갖출 필요가 있다.

원래 기부금의 범위는 개인사업자와 법인사업자 간에 차이가 있는데 여기서는 개인사업자에 대한 기부금에 대해서 설명하겠다. 우선 표를 통해 개인사업자에 대한 기부금의 종류와 그 범위를 알아보자.

| 개인사업자의 기부금 종류와 범위 |

구분	내용
법정기부금	① 국가, 지방자치단체에 무상으로 기증하는 금품의 가액 ② 국방헌금과 위문금품 ③ 천재지변으로 인한 이재민 구호금품 ④ 사립학교, 비영리교육재단 등에 지출하는 시설비, 교육비, 연구비, 장학금 ⑤ 정치자금 기부금 중 10만원 초과금액 ⑥ 특별재산지역의 복구를 위한 자원봉사용역가액 ⑦ 국립대학병원, 서울대학교병원 등 공공의료기관(병원)의 시설비, 교육비, 연구비 ⑧ 전문 모금기관(사회복지사업)으로서 일정한 요건을 갖춘 법인에 지출하는 기부금 ⑨ 공공기관(공기업은 제외) 또는 법률에 따라 직접 설립된 기관으로서 일정한 요건을 갖춘 기관에 지출하는 기부금
우리사주 조합기부금	우리사주조합에 지출한 기부금(조합원의 기부는 제외)
지정기부금	① 사회복지법인에 지출하는 기부금 ② 유치원, 초·중·고등학교에 지출하는 기부금 ③ 문화예술단체에 지출하는 기부금 ④ 종교단체 등에 지출하는 기부금 ⑤ 사회복지 등 공익목적을 위해 지출하는 기부금

정당에 기부한 10만원 초과금액을 기부금으로 본다면, 초과하지 않는 금액은 어떻게 처리하는 것일까? 정당에 기부한 10만원까지의 금액은 100/110 만큼 세액공제를 적용하는데, 이를 정치자금 세액공제라고 한다.

기부금 또한 전액 공제받을 수 있는 것은 아니다. 세법은 각각 기부금의 종류에 따라 다음과 같이 그 한도를 정해놓았다.

| 기부금공제 한도 |

구분	한도액 범위
법정기부금	법정 산식의 100%
우리사주조합기부금	법정 산식의 30%
지정기부금	종교단체기부금 법정 산식 10% 나머지 법정산식 30%

사업자가 지정기부금을 한도 범위보다 많이 지출한 경우에는 이를 5년간 이월하여 지정기부금의 한도미달액 범위 내에서 이를 필요경비로 인정해준다. 예를 들어 2013년 지정기부금 한도초과액이 500만원 발생했고, 2014년과 2015년에 지정기부금 한도미달액으로 각각 200만원과 600만원이 발생했다면 2014년에 200만원, 2015년에 300만원에 대해서 필요경비로 인정해준다.

그 외에 사업자가 공제받을 수 있는 소득공제 및 세액공제

사업자가 국민연금 등을 납부한 경우에는 이에 대해 소득공제를 적용받을 수 있으며 공제받을 수 있는 금액의 한도는 없다. 즉, 납부한 연금을 모두 소득공제받을 수 있다.

개인연금저축이나 연금저축을 불입한 경우 세액공제를 적용받을 수 있다. 이때에는 모든 금액을 공제받을 수 있는 것이 아니라 법정한도 내의 금액까지 공제가 가능하다. 사업자가 공제받을 수 있는 금액은 다음과 같다.

| 사업자의 소득공제 및 세액공제 한도 |

구분	공제 한도액
연금보험료공제	납부한 국민연금보험료 전액
연금저축 등에 대한 세액공제	① Min[연금저축계좌 납입액, 연 400만원(단, 총급여 1.2억원 또는 종합소득금액 1억원 초과자 300만원)] + 퇴직연금계좌 납입액 ② 연 700만원 ①, ② 중 적은 금액의 12% (단, 해당 과세기간의 종합소득금액이 4000만원 이하 또는 근로소득만 있는 경우 총급여액 5,500만원 이하인 거주자에 대해서는 15%)

한 가지 더!

● 재해를 당한 경우 세금혜택을 받을 수 있다

사업을 하다 보면 좋은 일도 생기고 나쁜 일도 생기게 마련이다. 폭우나 산불 등 자연재해로 인해 원래의 사업장이 대부분 소실될 경우 피해를 당한 사업자 입장에서는 막대한 손실을 보게 된다. 이러한 부분을 고려하지 않고 세금을 부과하면 사업자는 더욱더 어려움을 겪게 될 것이다. 그래서 소득세법은 사업을 하다가 자연재해로 인해 피해를 입은 경우에는 일정한 세금을 공제해주는 제도를 두어 간접적으로 사업자를 지원하고 있다.

사업자가 해당연도 중에 재해로 인하여 자산총액의 20% 이상에 상당하는 자산을 상실하는 경우에는 그러한 재해상실비율에 해당하는 세액을 공제해준다. 여기서 공제대상에 해당하는 소득은 사업소득이다.

07 사업자가 근로소득도 있다면?

샐러리맨 박재성 씨는 올해부터 아버님이 운영하고 있던 호프집을 물려받아 호프집 사장이 되었다. 호프집은 위치가 좋아 월급쟁이보다는 더 많은 수입을 올릴 수 있었다. 두 가지 일을 병행하려니 힘이 들기는 했지만 젊을 때 돈을 벌자는 생각에 박재성 씨는 열심히 일했다. 연말이 다가오자 회사동료들은 연말정산을 받기 위해 신용카드 영수증을 챙기는 등 분주한 하루를 보내고 있다. 그런데 박재성 씨는 근로소득 이외에 사업소득도 있어 어떻게 세금을 신고해야 할지 몰라 발만 동동 구를 뿐이다.

사업소득만 있는 사업자는 연말정산을 할 수 없다. 그러나 사업소득과 근로소득 둘 다 있는 경우라면 근로소득에 대한 연말정산을 할 수 있다. 연말정산이란 말 그대로 연말에 세금을 정산한다는 뜻이다. 근로소득자는 월급을 받을 때 일정한 세금을 공제한 금액을 받는다. 왜 사업자와 달리 1년을 기준으로 하지 않고 1개월을 기준으로 세금을 거두는 걸까?

　원칙에 의하면 근로소득자도 종합소득세를 납부해야 하기 때문에 매년 5월 1일부터 5월 31일까지 과세표준 신고를 해야 한다. 그러나 영세한 근로자들이 신고에 관한 서류를 작성하는 데에는 많은 어려움이 있다. 전국 수백만 명에 달하는 근로자들이 매년 5월 일제히 근로소득세를 신고하기 위해 세무서를 방문한다면 과세관청의 행정업무가 마비되는 것은 불 보듯 뻔한 일이다.

　따라서 근로소득만 있는 납세자에게 신고의무를 부여하지 않는 대신에 매달 일정 세금을 미리 거둔 후 1년을 기준으로 세금을 정산하는 제도를 마련했는데, 이를 연말정산이라고 한다. 연말정산을 한 근로소득자는 5월에 소득세 신고를 하지 않아도 된다.

연말정산으로 세금을 돌려받자

　과세관청이 거두어가는 세금은 근로소득에 대한 대부분의 소득공제를 적용하지 않은 세금이다. 따라서 근로자들이 매년 지출하는 신용카드 사용액이나 현금영수증 발행액에 따라 소득공제액이 늘어날 수 있다. 1년을 기준으로 근로소득세를 계산하면 매달 거두어간 것보다 세금이 줄어들 수 있다. 그 차이만큼 연말정산이라는 제도를 통해 환급받는 것이다.

　그러나 모든 납세자가 연말정산을 할 수 있는 것은 아니다. 소득세법은 연말정산 대상자를 갑종근로소득이나 을종근로소득으로서 납세조합에 가입한 경우, 간편장부 대상자인 보험모집인과 방문판매인, 공적연금소득이 있는 자로 원천징수의무자가 지급한 연금소득이 연 600만원을 초과하는 경우로 한정하고 있다. 따라서 사업자는 연말정산을 받을 수 없다. 하지만 연말정산 대상자 중 보험모집인과 방문판매인은 예외적으로 사업자임에도 연말정산을 통해 소득세 신고를 마칠 수 있다.

여기서 한 가지 알아둘 점은 연말정산을 한다고 해서 무조건 세금을 돌려받지 않는다는 것이다. 개개인의 상황에 따라 환급받지 못할 수도 있다. 연말정산은 세금을 정산하는 개념일 뿐 세금을 무조건 돌려주는 제도는 아니다.

소득에 따라 납부하는 방식도 다르다

연말정산제도도 종합소득세를 징수하기 위한 하나의 수단이다. 이 제도로 근로소득자들은 소득공제 적용 후 더 많이 납부한 세금을 돌려받을 수 있고, 매년 5월에 종합소득세 신고를 하지 않아도 된다. 납세자 입장에서는 일석이조인 셈이다. 근로소득자는 연말정산이라는 제도를 통해 종합소득세를 납부한다는 점에서 사업자와는 그 방식에 차이가 있다. 사업자에게 연말정산제도를 적용하지 않는다고 해서 종합소득세를 납부하는 데에 불리하게 작용하는 것은 아니다.

연말정산에서 누락한 소득공제가 있는 경우에는 5월을 노려라

회사에서 연말정산을 하는 경우 소득공제 등을 누락했다면 종합소득확정신고기한인 5월에 주소지 관할세무서에 종합소득세 확정신고를 하면 된다. 이때 소득공제 관련 증빙서류를 첨부한 후 종합소득세, 농어촌특별세, 지방소득세에 대한 과세표준확정신고서 및 자진납부계산서를 작성하여 제출하면 된다. 관련 신고서식은 국세청홈페이지를 통해 다운받아 작성한 후 주소지 관할 세무서에 우편으로 보내거나 홈택스 서비스를 통해 신청하면 된다. 만약 부득이한 사정으로 본인이 직접 제출하기 어려운 경우에는 근로소득 원천징수영수증을 참고하여 이를 작성하고 대리인이 제출할 수 있다.

08 해외소득에 대한 세금

국내에서 불고기 사업을 하던 박장금 씨는 최근 한류 바람을 타고 일본에서 불고기 열풍이 분다는 얘기를 듣고 일본에 진출했다. 박장금 씨가 일본에서 운영하는 불고기업체는 당연히 일본정부에 세금을 납부하고 있었다. 그런데 어느 날 한국 국세청에서 세금을 납부하라는 통지서가 날아왔다. 세금은 이미 일본에 납부했는데 한국에도 납부해야 한다니…. 박장금 씨는 세금이 너무 과하다는 생각이 들었다.

대한민국 사람이 외국에서 번 소득이 있을 경우 그에 대한 세금은 국내에도 내야 한다. 국세청은 사업자가 해외에서 번 소득내용을 이미 알고 있기 때문에 해당 소득에 대한 세금은 꼭 납부해야 나중에 가산세를 물지 않는다. 그렇다면 왜 해외에서 번 소득에 대한 세금을 국내에도 내야 하는지 알아보자.

일반적으로 대부분 국가의 납세의무자의 선별요건은 국적이나 영주권 유무와는 전혀 상관없다. 단지 거주자인지 혹은 비거주자인지에 따라 달라진다. 원칙적으로 국내에 주소를 두거나 183일 이상 거주한 개인을 거주자라 하고 그 외에는 비거주자라고 한다. 법인인 경우에도 용어의 차이가 있을 수 있지만 본점이 국내에 있는 내국법인이면 여기에 해당한다.

비거주자인 경우는 한국에서 발생한 소득에 대해서만 세금을 내면 더 이상 우리나라 국세청과는 세금문제가 없다. 그러나 우리나라 거주자는 전 세계에서 발생한 소득을 모두 국세청에 신고하고 세금을 내야 한다. 또한 외국정부에도 외국에서 번 소득에 대해 세금을 내야 한다. 여기서 해외에 진출한 사업자가 내야 할 세금이 과도한 것이 아닌가 하는 의문이 들 것이다. 다음 사례를 통해 해외소득에 대한 세금이 어떻게 책정되는지 살펴보자.

한국에서 300을 번 A사업자와 한국, 일본, 중국에서 각각 100의 소득을 올려서 총 300을 번 B사업자의 조세부담은 같아야 할까 달라야 할까? 소득이 300인 경우 세금이 30이라면 B사업자는 국세청에 외국에서 번 소득 200을 모두 신고해 세금 30을 부담해야 할 것이다. 또한 세금 30은 한국에서 300을 번 A사업자의 조세부담액과 일치한다.

B사업자가 이미 일본과 중국에서 세금으로 각 10씩 총 20을 납부했다면 한국에서 30, 일본과 중국에서 20, 총 50의 세금을 부담해야 할 것 같지만 이는 사실과 다르다. 한국에서 부담해야 할 세금 30은 외국납부세액 공제를 포함한 금액이므로 B사업자는 30에서 20을 뺀

10만큼의 세금만 납부하면 되기 때문이다. 물론 세부적인 계산상의 한도 및 공제방식에 따라 외국에서 납부한 세액을 100% 공제받지 못하는 경우가 발생하기도 한다. 그러나 외국납부세액 공제를 통해 국내소득 사업자와 해외소득 사업자 간에 형평을 맞춰주는 세금계산 방식은 분명히 존재한다.

part **5**

회삿돈 당당하게 줄이는 법인세

● 처음 사업을 시작할 때 개인사업자로 할지, 법인사업자로 할지 결정하는 것은 사업을 하는 데 있어서 중요한 문제다. 개인인지 법인인지에 따라 부담하게 되는 세금이나 사업개시 절차 등이 현저하게 다르기 때문이다. 이 장에서는 법인세의 개념, 회계처리의 중요성과 방법 등을 알아보고자 한다. 법인사업자임에도 의외로 회계처리나 자금처리 등이 미숙한 회사가 많다. 법인은 개인사업보다 높은 수준의 회계처리와 세무 수준이 필요하기 때문에 법인사업자로 사업을 하고자 한다면 개인사업보다 고려해야 할 사항이 훨씬 많다.

기본적으로 갖춰야 할 자료를 갖추지 않아서 세금이 나오는 경우, 회계처리를 비정상적으로 해서 세금이 나오는 경우, 직원에 대한 관리가 정상적으로 되지 않아 생각지도 못한 부분에서 세금이 나오는 경우 등 법인사업을 하면서 세금이 발생하는 원인은 여러 가지가 있다. 이제부터 이러한 사항들을 실무적으로 짚어보자.

01 법인세 개념 따라잡기

A스포츠용품점을 운영하는 최용진 씨는 뛰어난 수완으로 사업이 날로 번창하게 되었다. 처음 사업을 시작할 때 개인사업자로 신고했던 그는 매출이 커지자 세무사로부터 법인사업자로 전환할 것을 권유받았다. 법인세와 소득세는 세율 체계가 달라 똑같은 매출을 올렸을 때 법인사업자가 개인사업자보다는 세금이 적게 나온다고 한다. 그러나 최용진 씨는 세금을 적게 낸다고 무턱대고 법인사업자로 전환하기 전에 먼저 법인전환에 따른 장단점을 꼼꼼히 살펴보고 결정하기로 했다.

법인세란 말 그대로 법인이 내는 세금을 말한다. 법인은 사람이 아니지만 법에 의해서 권리능력을 부여받은 단체이기 때문에 인격을 부여한다. 일반 개인과 마찬가지로 법인이 권리와 의무의 주체가 되는 것이다. 법인에게 인격이 주어진 이상 사람과 차별할 이유가 없으므로 법인도 세금을 납부해야 한다.

법인에 부과되는 소득

1_ 각 사업연도 소득

법인이 사업연도 내에서 벌어들인 소득은 다음과 같이 계산할 수 있다.

> 각 사업연도 소득금액 = 익금총액 – 손금총액
> 과세표준 = 각 사업연도 소득금액 – 이월결손금 – 비과세소득 – 소득공제

법인세법은 소득세법과 달리 수익을 익금, 비용을 손금으로 표시한다. 여기서 이월결손금이란 과거에 발생한 결손금으로, 손금의 총액이 익금의 총액보다 많은 경우에 발생한다. 이러한 이월결손금은 10년간(2008년 이전 발생분은 5년) 공제가 가능하다. 예를 들어 2013년에 10억원의 결손금이 발생했고 2014년부터 2022년까지 이익이 발생하지 않았으나 2023년부터 10억원씩 일정한 이익이 발생했다면, 2013년부터 10년이 되는 2023년까지의 이익 범위 내의 소득인 10억원을 결손금으로 공제받을 수 있다.

2_ 양도소득

주택, 비사업용 토지를 보유하고 있는 법인이 이를 양도한 경우에는 각 사업연도 소득금액을 기준으로 계산한 법인세에 토지 등 양도소득에 대한 법인세를 추가하여 납부하게 된다(이중 과세). 양도자산

의 경우 개인에게는 중과규정이 있으나 법인에는 이러한 규정이 없기 때문에 세금계산에 형평성을 고려해 법인세에 추가로 일정 세금을 부과하는 것으로 이해하면 된다. 그렇다고 모든 양도소득에 대해 추가로 세금을 부과하는 것은 아니다. 세액 계산식은 다음과 같다.

> 토지 등 양도차익 = 토지 등 양도금액 − 양도 당시 장부가액
> 과세표준 = 토지 등 양도차익 − 비과세소득

3_ 청산소득

법인이 해산하거나 합병 등으로 인해 소멸하는 경우에도 일정부분 소득이 발생하게 된다. 이처럼 청산의 과정에서 발생하는 소득을 청산소득이라고 하며 여기서 발생하는 소득에 대해서도 다음과 같은 과세표준에 따라 세금을 납부해야 한다.

> 과세표준 = 잔여재산가액 − 자기자본총액 = 청산소득금액

법인에 따라 납세의무의 범위가 다르다

법인세는 내국법인과 외국법인, 영리법인과 비영리법인을 구분하지 않고 모두 납세의무를 부담한다. 그러나 법인세 과세소득의 구분에 의해 법인마다 납세의무를 지는 범위에는 약간의 차이가 있다. 단, 국가나 지방자치단체에 대해서는 비과세법인으로서 법인세를 부담하지 않는다.

| 법인세 과세소득 범위 |

구분		소득의 범위	각 사업연도 소득	토지 등 양도소득	청산소득
내국법인	영리법인	국내외 모든 소득	O	O	O
	비영리법인	국내외 수익사업소득	O	O	×
외국법인	영리법인	국내 모든 소득	O	O	×
	비영리법인	국내 수익사업소득	O	O	×
국가 및 지방자치단체		비과세법인			

내국법인 중 영리법인만 청산소득에 대한 법인세 부담을 지는 이유는 무엇일까? 비영리법인이 해산하는 경우 잔여재산을 구성원에게 분배할 수 없고 대부분 다른 비영리법인이나 국가에 인도해야 하기 때문에 법인세를 부과하지 않는다. 그리고 외국법인이 해산하는 경우는 청산이 외국에서 행해지기 때문에 우리나라에서 법인세를 부과할 수 없다.

법인세를 계산하는 기준, 사업연도

사업연도란 법인세를 계산하는 기준이 되는 기간을 말한다. 소득세법과 부가가치세법은 이를 과세기간으로 표현하는데, 궁극적으로 두 개념의 의미는 동일하다. 과세기간은 사업자가 임의로 정할 수 없지만 법인세법상 사업연도는 법인이 임의로 조정할 수 있다는 데 차이가 있을 뿐이다. 사업연도를 변경하고자 할 경우에는 직전 사업연도 종료일부터 3월 이내에 관할 세무서장에게 이를 신고하면 된다.

사업연도는 법인의 정관에서 정하는 1회계기간을 기준으로 한다. 따라서 법인이 정관에 1회계기간을 7월 1일부터 다음 해 6월 30일까지로 정한 경우에는 법인세도 이를 기준으로 세금을 계산한다. 또한 1월 1일부터 6월 30일까지를 1회계기간으로 정하고 7월 1일부터 12월 31일까지를 1회계기간으로 정한 경우에도 각각을 법인세법상 사업연도로 인정한다.

1회계기간이 1년을 초과하는 경우에는 사업연도로 인정하지 않고 법인세법상 규정을 적용한다. 예를 들어 회사가 1월 1일부터 다음 해 7월 1일까지를 1회계기간으로 정한 경우에는 처음의 1년(1월 1일부터 12월 31일까지)과 나머지 6월(다음 해 1월 1일부터 6월 30일까지)을 각각 하나의 사업연도로 본다.

법인이 정관에 사업연도에 대해 규정하지 않은 경우에는 사업연도를 정하여 법인설립신고 및 사업자등록과 함께 세무서에 신고해야 한다. 사업연도를 신고하지 않은 경우에는 매년 1월 1일부터 12월 31일까지를 1사업연도로 본다.

법인세율과 신고납부기한

법인세의 세율은 개인과는 달리 과세표준이 2억원 이하인 경우에는 10%, 200억원 이하는 20%, 200억 초과는 22%의 세율을 적용한다. 단, 토지 등 양도소득이 있는 경우에는 10%(미등기자산 40%)의 세율이 적용된다. 법인세는 각 사업연도 종료일이 속하는 달의 말일부터 3월 이내에 신고납부를 해야 한다. 사업연도가 12월 31일에 끝나는 법인은 다음 해 3월 31일까지, 6월 30일에 끝나는 법인은 9월 30일까지가 법인세 신고납부기한이다. 신고납부란 신고와 납부가 동시에 그 기한까지 이루어져야 함을 의미한다. 따라서 신고와 납부가 동시에 일어나지 않는 경우에는 가산세를 부담하게 된다.

02 개인사업자가 좋을까, 법인사업자가 좋을까

이정현 씨는 다니던 회사를 그만두고 서비스 관련 사업을 하기로 결정했다. 막상 사업을 시작하려고 하니 개인사업자로 신청해야 할지 법인사업자로 신청해야 할지가 고민이었다. 개인과 법인은 설립절차도 다르고 세금 징수방식도 다르기 때문이었다. 어떤 형태로 사업을 시작하는 게 세금면에서나 본인의 사업적·영업적인 측면에서 유리한지 신중히 검토하고 선택하기로 했다.

개인사업자로 시작할지, 법인사업자로 시작할지를 판단하는 기준은 사업을 시작하는 데 있어서 가장 중요한 문제다. 개인인지 법인인지에 따라서 부담하게 되는 세금이나 사업개시 절차 등이 현저하게 다르기 때문이다. 영업적인 측면에서 볼 때 주식회사는 회사의 규모나 신뢰도 측면에서 개인회사보다 유리하다. 그렇다고 개인사업자와 법인사업자 중에 어느 것이 더 낫다는 절대적인 보장은 없다. 단지 자신의 사업에 어떤 형태로 신고하는 게 유리한지 신중하게 검토하고 선택할 문제이다. 여기서는 개인사업자와 법인사업자의 설립절차와 세금문제를 모두 검토해보기로 하겠다.

개인기업과 법인기업의 설립절차

개인기업은 개인이 출자자인 동시에 경영자로 재산을 소유 및 관리하고 직접 기업을 운영하는 형태다. 따라서 사업 활동에 대한 모든 권리와 의무의 법률효과가 전부 대표자에게 귀속된다. 창업 시 출자하는 자금이나 사업체의 모든 결정사항에 대해서도 단독으로 책임져야 하며 채무에 관해서도 소유경영자 개인이 전부 부담한다. 개인기업은 창업할 때 별도의 상업등기 절차를 필요로 하지 않는다. 사업장을 갖추고 사업장 관할 세무서에 사업자등록을 신청한 후 사업을 개시하면 된다.

반면 법인기업은 그 설립절차가 상당히 까다롭다. 법인기업에 해당하는 주식회사의 경우 우선 사업업종과 관련된 관할 관청에서 사업에 대한 인·허가를 취득해야 한다. 인·허가를 취득한 다음에는 법인설립 등기를 한 후 20일 이내에 관할세무서에 법인설립 신고를 해야 한다. 즉, 사업자등록 신청 시 법인설립 신고를 동시에 하게 된다. 주식회사를 설립하기 위해서는 발기인 전원이 기명날인한 정관을 작성하여 공증인의 인증을 받는다. 그리고 주식의 인수와 청약 및 기타 설립요건에 필요한 사항을 법원에 신고함과 동시에 창립총회를 거쳐 설립등기를 마쳐야 설립이 가능하다. 주식회사를 설립할 때 자본금을 확보하는 방식에는 주식을 인수하는 방식과 현물출자를 통해 확보하는 방식이 있다.

법인은 무조건 일반과세자, 그러나 개인은 선택

개인사업자는 신규사업자 등록 시 일반과세자와 간이과세자 중 선택하여 사업자등록을 할 수 있다. 그러나 법인은 무조건 일반과세자로 사업자등록을 해야 한다. 간이과세자는 직전연도의 연간 매출액(공급대가)이 4,800만원 미만인 개인사업자로서 일반과세자와는 달리 관할세무서장에 의해 예정부과된 세액을 7월에 납부하고, 1월에 확정신고만 하면 된다. 세금계산서 발급의무 또한 없기 때문에 통상 일반과세자보다 적은 세금부담을 하게 된다. 이를 표로 정리하면 다음과 같다.

| 일반과세자와 간이과세자의 세부담 |

구분	일반과세자	간이과세자
적용대상사업자	간이과세자 이외 사업자	직전 1역년의 공급대가가 4,800만원 미만인 개인사업자
과세표준	공급가액	공급대가
납부세액	매출세액 − 매입세액	공급대가 × 업종별 부가가치율 × 10%
매입세액공제	매입세액 × 100%	매입세액 × 업종별 부가가치율
신고의무	예정신고 가능	확정신고의무만 있음

개인사업자와 법인사업자는 세율에 있어서도 많은 차이가 있다.

개인사업자는 소득세 과세표준에 따라 6~40%의 6단계 누진세율을 적용받지만 법인은 법인세 과세표준에 따라 10%~22%의 3단계 누진세율을 적용받는다.

| 소득세 및 법인세 세율 |

소득세		법인세	
과세표준	세율	과세표준	세율
1,200만원 이하	6%	2억원 이하	10%
4,600만원 이하	15%	200억원 이하	20%
8,800만원 이하	24%		
1억 5천만원 이하	35%	200억원 초과	22%
5억원 이하	38%		
5억원 초과	40%		

이익 분배의 차이

개인사업자의 이익은 대표자가 모두 가지고 가더라도 세법상 아무런 문제가 발생하지 않는다. 다시 말해 개인회사에서는 5억원의 순이익이 발생한 경우, 그 돈을 대표자가 전액 가지고 가더라도 소득세만 정확히 납부하면 아무런 문제가 없다. 그러나 법인은 사정이 다르다. 정관에 대표자의 연봉을 3억원으로 규정했다면 법인이 5억원의 순이익을 달성했다고 하더라도 3억원만 가져갈 수 있다. 만약 순이익 5억원 전액에 대해서 대표자가 개인의 연봉으로 가지고 가면 2억원(5억원-3억원)에 대해서는 법인이 대표자에게 가지급한 금액으로 본다. 즉, 2억원에 대한 이자상당액에 대해 세금을 납부해야 한다.

만약 법인의 돈을 대표자가 아무런 이자지급 없이 함부로 사용하게 되면 세법상 법인의 돈을 대표자가 빌려간 것으로 보아 그 금액의 이자상당액을 세금으로 납부해야 한다. 실질이자율이 9%인데 2%의 이자만 지급했다면 그 차이에 대해서 추가로 세금을 납부해야 하는 것이다. 이러한 이자를 가지급금인정이자라고 하는데, 가지급금인정이자가 발생한 경우에 법인은 익금산입(손금불산입)으로 세무조정하고 대표자에 대한 상여로 소득처분을 한다. 그리고 상여로 처분된 금액만큼 대표자는 근로소득에 대한 소득세를 추가로 납부해야 한다.

개인회사와 법인회사 중에서 고민을 하고 있다면 두 회사 형태의 특성을 먼저 고려하는 것이 좋다. 개인기업은 설립비용이 적고 사업개시 절차가 간단하기 때문에 소규모 사업에 적당하다. 반면 법인기업은 설립비용이 많고 절차가 까다로우므로 대규모 사업에 적당하다. 자신이 창업하고자 하는 동종업종이 주로 어떤 사업자 형태를 띠고 있는가를 파악해보는 것 또한 판단에 도움이 될 것이다. 개인회사로 시작을 했다 하더라도 매출이 큰 폭으로 상승한다면 법인회사로 전환하는 것이 바람직하다.

03 개인사업 법인으로 바꾸기

구두가게를 운영하고 있는 박경린 씨는 100% 수제화만 취급하고 있기 때문에 비싼 가격에도 불구하고 고객들에게 인기가 많다. 구멍가게 형태로 시작한 사업이 3년이 지난 지금 회사 규모라고 할 정도로 매출이 커졌다. 그러나 박경린 씨는 늘어난 수익만큼 늘어난 세금 때문에 걱정이 이만저만 아니었다. 개인사업자의 경우 1년에 누진세율로 최대 수익의 40%를 세금으로 납부해야 한다. 그렇다 보니 1억원의 수익을 올리더라도 박경린 씨 손에는 고작 6,000만원 정도가 남을 뿐이다. 뭔가 좋은 방법이 없을까 싶어 세무사를 찾아 상담을 받았다. 그러자 세무사에서는 비용을 늘리거나 차라리 세금이 10%인 법인으로 전환하는 것이 세금 측면에서 유리하다고 말했다.

개인사업자에서 법인사업자로 전환하는 것은 세율부담 측면에서 분명 유리하다. 그러나 법인은 개인보다 규제도 많고 법인으로 등록하는 방법도 개인과는 달리 간단하지가 않으므로 충분히 검토하고 결정해야 한다. 전환하는 과정에서 발생하는 세무문제 또한 고려해야 한다.

개인사업을 법인으로 전환하는 방법

1_ 사업양수도

개인사업자가 사업을 하기 위해 구입한 모든 자산은 원래 사업자의 소유다. 이러한 자산을 모두 신설되는 법인에 포괄적으로 양도하는 것이 바로 사업양수도다. 갑이 A라는 개인회사를 소유하고 있고 이 회사를 법인으로 전환하기 위해 먼저 B라는 법인회사를 설립한다. 갑은 A회사를 B법인에 양도한 후 A회사를 폐업하면서 자신의 개인기업을 법인으로 전환하게 된다. 사업자와 법인 사이에 적정한 매매가격만 결정되면 쉽게 법인으로 전환하는 것이 가능하므로 흔히 이용되는 방법이다.

2_ 현물출자

개인사업자가 법인을 설립하고 그 법인에 기존 사업에 사용하던 모든 자산을 출자하는 것을 현물출자라고 한다. 즉, 현금을 제외한 부동산이나 유가증권 등을 출자하는 것을 의미한다. 현물출자가 사업양수도보다 까다롭다. 현물출자를 하는 경우 현물에 대한 평가를 어떻게 할 것인가 하는 문제가 발생하기 때문이다. 이러한 현물평가 문제는 감정평가기관에 의뢰하여 해결할 수 있다.

개인기업을 법인으로 전환할 때 발생하는 세금

개인기업에서 법인기업으로 전환하는 과정에서도 세금문제가 발생한다. 개인회사에서 갖고 있던 고정자산이나 설비 등을 법인으로 이전할 때에는 양도소득세, 부가가치세, 등록세 등을 내야 한다. 사업양수도 및 현물출자의 방법으로 설립된 법인이 취득한 개인사업자의 사업용 고정자산에 대해서는 취득세와 등록세를 면제한다. 그러나 법인등기에 따른 등록세는 납부해야 한다. 포괄적 사업양수도의 경우 재화의 공급으로 보지 않기 때문에 부가가치세를 납부할 필요가 없다. 그러나 현물출자는 부가가치세법상 재화의 공급에 해당하기 때문에 부가가치세를 납부해야 한다.

개인기업을 법인으로 전환하게 되면 개인이 토지, 건물 등을 법인에게 양도한 것과 같으므로 기존의 개인기업에 양도소득세 문제가 발생한다. 그러나 이때 발생하는 세무문제를 해소하여 개인기업의 법인전환을 돕기 위해 일정한 요건에 해당하는 경우에는 당해 사업용 고정자산에 대하여 양도소득세 이월과세를 적용한다.

법인설립 절차

상법상 법인회사는 주식회사, 유한회사, 합자회사, 합명회사, 유한책임회사 5가지로 나눌 수 있다. 그중 주변에서 흔히 볼 수 있는 회사는 주식회사이므로 여기서는 주식회사의 발기설립 절차에 대해 알아보자.

법인설립을 할 때 발기인은 1인 이상이면 된다. 발기인 자격은 특별한 요건이 없어 법인도 가능하며 그 구성은 어떤 사업을 하고자 여러 명이 모여서 계획하고 기획하는 단계라고 할 수 있다.

지정된 발기인은 먼저 정관을 작성한다. 정관은 회사설립에 필요한 주요사항과 회사설립 후 그 운영에 관한 모든 사항을 규정하는 서면을 말한다. 정관 작성을 통해 회사의 상호나 목적, 본점소재지, 주식 1주의 금액, 또는 설립 시 자본금 등을 정하게 된다. 설립 시 작성하는 정관을 원시정관이라 하는데, 이는 공증인의 인증을 받아야 그 효력이 발생한다.

정관 작성이 끝나면 발기인이 주식에 대한 구체적인 사항을 결정하는데, 여기서 액면가액이나 발행할 주식 수를 결정하게 된다. 주식에 대한 구체적인 사항이 결정되면 주식 인수자를 모집한다. 발기설립의 경우에는 발기인이 주식을 모두 인수해야 하며 인수한 주식에 대해 은행 기타 금융기관에 주금을 납입해야 한다. 주식 인수 및 주금 납입이 이루어지면 발기인은 지체 없이 발기인총회를 개최하여 인수한 주식 수의 과반수로 이사 및 감사를 선임하게 된다.

대부분의 설립절차가 완료되었다. 이제 이러한 법인의 설립절차가 올바르게 진행되었는지 조사할 필요가 있다. 우선 이사와 감사는 회사설립에 관한 모든 사항을 조사하여 발기인에게 보고해야 한다. 이사와 감사의 조사보고가 끝나면 이사들은 이사회를 통해 대표이사를 선임해야 한다. 마지막으로 이사와 감사의 조사보고가 종료한 때로부터 2주 내에 설립등기를 마쳐야 하며 회사는 설립등기를 마침으로써 성립하게 된다.

● 이월과세 누구에게 적용되나?

개인사업자의 사업용 고정자산을 법인에게 현물출자나 사업양수도 방법으로 이전하는 경우 이전하는 시점에서 양도소득세를 납부하지 않고 당해 법인이 자산을 양도하는 시점에서 이전단계의 양도소득세를 법인세로 납부하는 제도를 말한다. 단, 이 제도는 소비성 서비스업을 영위하는 사업자에 대해서는 적용하지 않는다. 개인사업자가 세액공제의 이월공제 규정에 의해 공제받지 못한 세액이 있다면 법인전환으로 설립되는 법인이 이를 승계할 수 있다.

● 모집설립에 대하여 알아보자

모집설립과 발기설립의 기본적인 절차는 비슷하다. 주식을 인수하고자 할 때 모집설립의 경우에는 발기인이 일부만 인수하고 나머지 부분은 제3자인 청약인들에게 배정한다. 또한 모집설립의 경우에는 발기설립과 달리 주금 납입이 완료되면 발기인은 지체 없이 창립총회를 소집해야 하며, 발기인은 서면으로 회사설립에 관한 제반사항을 창립총회에 보고해야 한다. 창립총회에서는 정관을 승인하고 이사와 감사를 선임하게 된다. 이사와 감사는 회사설립에 관한 모든 사항을 조사하여 창립총회에 보고해야 한다. 마지막으로 창립총회가 종료한 때로부터 2주 이내에 설립등기를 해야 한다.

04 세무조정을 통해 법인세 제대로 신고하기

소매업을 하고 있는 권대현 씨는 매출이 커지자 세금을 줄이기 위해 1년 전에 개인기업에서 법인기업으로 전환했다. 연말이 다가오자 권대현 씨도 남들처럼 자신의 사업에 대해 결산을 해보기로 결심했다. 그런데 개인회사일 때와 법인회사일 경우 수익을 계산하는 방법이 다르다는 것을 알고 세무사를 통해 법인 계산법을 배우기로 결심했다. 사업자가 회사수익에 대한 계산법에 대해 알아야 절세에 의한 비용절감을 할 수 있다는 생각 때문이었다.

각 사업연도 소득은 익금의 총액에서 손금의 총액을 차감하여 계산한다. 그리고 손금의 총액이 익금의 총액보다 많은 경우에는 결손금이 발생하게 된다. 이러한 계산 구조는 기업회계상 수익에서 비용을 차감하여 당기순이익을 구하는 것과 유사하다. 그러나 기업회계기준과 세법은 제도의 목적에 있어서 차이가 있다.

기업회계기준은 기업의 투명성을 제고하고 기업의 연속성 등을 평가하기 위해 만들어진 제도이지만 세법은 이 모든 것을 무시하고 다른 기업과 동일한 조건에서 세금을 부과하기 위해 만들어진 규정이다. 따라서 기업회계기준에 의해 계산된 당기순이익과 세법에 의해 계산된 각 사업연도 소득금액은 차이가 나게 마련이다. 이러한 차이를 조정하는 것이 바로 세무조정이다.

```
    결산서            세무조정              법인세

   수익      (+) 익금산입 (-) 익금불산입  =  익금총액
    |                                         |
   비용      (+) 손금산입 (-) 손금불산입  =  손금총액
    ‖                                         ‖
 결산서상 당기순이익                    각 사업연도 소득금액
```

세무조정 바로 알기

세무조정은 익금산입, 익금불산입, 손금산입, 손금불산입 4가지로 구분된다. 이 중 익금산입과 손금불산입이 같은 의미로 쓰이며 익금불산입과 손금산입이 같은 의미로 쓰인다.

1_ 익금산입

결산서에 수익으로 계상되어 있지 않지만 법인세법상 익금에 해당

하는 금액은 소득금액에 가산한다. 예를 들어 특수관계에 있는 개인으로부터 낮은 가격으로 유가증권을 매입한 경우 기업회계기준상 수익이 아니지만 법인세법은 이를 수익으로 보아 익금산입한다.

2_ 익금불산입

결산서에 수익으로 계상되어 있으나 법인세법상 익금에 해당하지 않는 금액은 소득금액에서 차감한다. 예를 들어 유가증권 평가이익은 기업회계기준상 수익이지만 법인세법상 수익이 아니므로 이를 익금불산입한다.

3_ 손금산입

결산서에 비용으로 계상되어 있지는 않지만 법인세법상 손금에 해당하는 금액은 소득금액에서 차감한다. 예를 들어 자기주식처분손실이 발생한 경우 기업회계기준상 비용이 아니지만 법인세법상 비용이기 때문에 이를 손금산입한다.

4_ 손금불산입

결산서에 비용으로 계상되어 있으나 법인세법상 손금으로 인정되지 않는 금액은 소득금액에 가산한다. 예를 들어 접대비를 계상한 경우 기업회계기준에서는 모든 금액이 비용으로 인정된다. 그러나 법인세법상 접대비 한도를 초과한 금액은 비용으로 인정하지 않고 손금불산입한다.

세무조정으로 당기순이익을 조절한다?

대부분의 기업은 금융기관에서 자금을 대출받거나 정부기관으로부터 자금을 지원받는다. 자금을 대출받거나 지원받는 경우 금융기관이나 정부기관은 당해 기업의 재무상태를 보고 상환능력이 있는지를 판단한다. 대차대조표에 부채가 적고 손익계산서의 당기순이익이 높을수록 건실한 기업으로 인정받을 것이다.

자산총액이 120억원 이상인 기업은 외부감사대상법인으로 지정되어 매년 회계감사를 받게 되며 기업의 재무제표가 공시된다. 그러나 외부감사를 받지 않는 기업은 재무제표가 어떤 형식으로 작성이 되든지 법인세만 제대로 납부하면 아무런 문제가 발생하지 않는다.

따라서 금융기관으로부터 대출도 많이 받고 정부기관으로부터 지원금도 많이 확보하기 위해서는 재무구조가 건실한 방향으로 재무제표를 작성하는 것이 바람직하다. 이런 방법은 외부감사대상법인의 경우 불가능하지만 그렇지 않은 법인은 가능하다. 즉, 비용은 적게 계상하고 수익은 많이 계상하여 재무제표를 건실하게 만들고 세무조정을 통해 세금만 정확하게 납부하는 것이다.

그러나 모든 항목을 세무조정만으로 조절할 수는 없다. 세법은 결산서에 반영한 경우에만 세무조정을 하는 결산조정 항목과 결산서에 반영하지 않더라도 세무조정을 하는 신고조정 항목을 나열하고 있다. 그렇다고 해도 신고조정 항목을 잘만 이용하면 법의 테두리 내에서 얼마든지 건실한 재무제표를 작성할 수 있다. 신고조정을 할 수 없는 대표적인 결산조정 항목은 다음과 같다.

① 고정자산의 감가상각비
② 퇴직급여충당금, 대손충당금
③ 재고자산, 고정자산 등의 평가손실
④ 법인세법상 일정한 준비금

05 주주지분을 변경할 때 해야 할 것들

비상장법인의 대표이사로 재직 중인 이민재 씨는 국내 모 회사에 다니는 아들 이혁재 씨에게 자신의 회사를 넘겨주었다. 자신의 회사인지라 아무런 절차 없이 법인세무조정계산서에 자신의 아들을 등재하고 경영을 맡겼다. 그 후 이혁재 씨는 세무서로부터 주식취득에 대한 자금출처 소명안내문을 받았다. 회사의 경영권을 넘기는 과정에서 주식이 어떻게 이전되었는지 소명하라는 내용이었다. 세무사에게 문의해보니 소명하는 절차가 간단하지 않을 뿐더러 양도세, 증여세, 증권거래세가 발생할 수 있다고 했다. 이민재 씨가 세금을 최소화하여 주식을 이전할 수 있는 방법은 없는 걸까?

주식회사의 주주가 바뀐다는 것은 회사의 주인이 바뀐다는 의미로 세무서에서는 '주주변동사항명세서'를 통해 주주변동 사항을 확인하고 변동절차의 적법성을 검토한다. 그러므로 주주가 바뀌거나 지분의 변동이 있을 경우에는 상황에 따라 세금이 달라진다.

증여를 통한 주식 이전

이민재 씨처럼 아들에게 회사의 경영권을 넘겨주고 싶다면 당해 법인의 주식을 증여하는 것이 가장 깔끔한 방법이다. 이 경우에는 증여자와 수증자 간에 증여계약서를 작성하고 수증자는 이에 대한 증여세를 신고·납부하면 된다. 증여로 주식을 이전하는 방법은 사후관리 없이 모든 주식에 대한 권리 의무가 수증자에게 이전되는 것으로 이 경우 증여재산가액을 어떻게 산정하는가에 따라 증여세가 달라진다. 상장주식을 증여하는 경우에는 증여일 이전·이후 각 2개월간에 공표된 매일의 유가증권시장 종가평균액을 증여재산가액으로 본다. 비상장주식의 경우에는 당해 비상장주식이 증권거래소 등에서 거래되고 있는 그 통상의 거래가액을 시가로 보고, 시가가 없는 경우에는 상속세 및 증여세법상 보충적 평가방법(자산과 손익에 일정비율을 반영하여 주식을 평가하는 방법)으로 평가하여 이를 증여재산가액으로 보고 증여세를 계산한다.

양도를 통한 주식 이전

사업자의 자녀에게 양도를 통하여 주식을 이전한 때에는 실제로 거래가 있음을 입증해야 한다. 과세관청은 특수관계자 간의 거래에서 양수자의 직업, 연령, 소득 등으로 보아 재산을 자력으로 취득했다고 인정하기 어렵다고 판단하면 증여세를 과세한다. 따라서 재산의 취득자금 출처를 필히 입증해야 한다.

이혁재 씨의 경우는 일정한 수입을 얻을 수 있는 직장과 나이가 되므로 아버지 이민재 씨로부터 실제 주식을 양도받고 그 대가를 자신의 계좌에서 직접 이체했다면 주식 취득자금이 자신의 수입에서 지출되었다는 것을 과세관청에 쉽게 입증할 수 있다. 그러나 여기서 주의할 점은 그 대가가 시가와 큰 차이가 없어야 한다는 것이다. 일단 과세관청은 특수관계자와 시가보다 현저히 낮거나 높은 가액으로 재산을 거래했다면 다음의 차액을 증여로 보아 증여세를 부과한다. 이를 부당행위 계산부인이라 한다.

| 부당행위 계산부인 |

구분	특수관계자 간의 거래	특수관계자 이외자 간의 거래
증여재산가액	(시가 - 대가) - Min(① 시가 × 30%, ② 3억원)	(시가 - 대가) - 3억원
요건	시가와 대가의 차액이 시가의 30% 이상이거나 3억원 이상인 경우	시가와 대가의 차액이 시가의 30% 이상인 경우

● 특수관계자와 법인이 거래할 때 유의할 점
법인의 주주나 임원에게 금전이나 용역을 무상 또는 낮은 이율, 임대료, 요율로 제공하는 경우에는 시가와 거래가액의 차액에 대해 법인에게는 법인세를 부과하고 제공받은 주주나 임원에게는 소득세를 부과한다. 단, 시가와 거래가액의 차액이 3억원 이상이거나 시가의 5% 이상인 경우에 한해 적용한다.

06 중소기업이라면 법인세 혜택을 누려라

광고회사인 A주식회사를 운영하고 있는 김봉규 씨는 매년 영업비로 들어가는 접대비가 많아 감당하기가 어려웠다. 중소기업의 경우 기본적으로 2,400만원까지는 비용으로 인정받을 수 있으니 그나마 위안이 되었다. 그런데 올해 세금을 정산해보니 작년보다 300만원이나 더 나온 게 아닌가. 이유인즉슨 올해에는 중소기업 요건에 해당이 안 되어서 접대비 기본 한도가 1,200만원으로 낮춰진 것이다. 금쪽같은 돈이 세금으로 나간다니 마음이 아프지만 매출이 많이 늘어서 접대비 공제가 줄어든 것이라 겸허히 받아들이기로 했다.

법인을 설립할 때 자신의 회사가 중소기업에 해당하면 세금혜택을 받을 수 있다. 그러나 이것도 적법한 요건에 해당되는 경우만 가능하다. 중소기업기본법에 의한 중소기업 기준과 세법에 의한 중소기업 기준이 다른데 이 사실을 모르는 사업자가 많아 김경수 씨처럼 혜택을 못 받게 되어 고지서를 보고 당황하는 경우가 많다. 중소기업에 주어지는 세금혜택은 세법의 기준에 의해 결정되므로 그 요건을 잘 알아두어야 한다. 우선 중소기업기본법에 의한 중소기업의 기준과 세법에 의한 중소기업의 기준 차이를 살펴보자.

| 중소기업기본법과 세법에 의한 중소기업의 기준 |

구분	중소기업기본법	조세특례제한법
해당업종	모든 업종	제조업 등 특정 업종
규모기준	매출액 요건 충족	중소기업기본법과 동일
독립성기준	소유 및 경영의 실질적 독립성 충족	중소기업기본법과 동일
종업원기준 (중소기업 예외기준)	자산총액 : 5,000억원 이상	자산총액 : 5,000억원 이상

영원한 중소기업은 없다

처음에 중소기업으로 판정되었다고 해서 영원히 중소기업으로 인정받는 것은 아니다. 중소기업 기준에 해당했다 하더라도 중소기업 규모가 확대되는 등의 이유로 인해 세법에 의한 중소기업기본법상 기준을 충족하지 못해 세금혜택을 못 받는 경우도 있다. 이 경우에는 최초 1회에 한하여 그 사유가 발생한 날이 속하는 과세연도와 그 다음 3개 과세연도까지는 중소기업으로 본다. 가령 2007년에 중소기업 기준을 벗어나게 되었다면 2007년부터 2010년까지 중소기업으로 보고 세금혜택을 적용받는다.

법률의 개정으로 인해 새로 중소기업에 해당할 경우에는 그 사유가 발생한 날이 속하는 과세연도부터 중소기업으로 판단하며, 법률의 개정으로 인해 중소기업에 해당하지 않는 경우에는 그 사유가 발생한 날이 속하는 과세연도와 그 다음 3개 과세연도까지 중소기업으로 본다. 이와 같이 중소기업이 그 규모가 확대되는 등의 이유로 중소기업 기준을 충족하지 못했다 하더라도 일정기간은 중소기업으로 보고 세금혜택을 지원한다.

　그러나 예외적으로 유예기간 없이 중소기업으로 보지 않는 경우가 있다. 중소기업 외의 기업과 합병한 경우, 상호출자제한 기업집단 소속계열회사에 해당하는 경우 창업일이 속하는 과세연도 종료일부터 2년 이내의 종료일 현재 중소기업기준을 초과하는 경우에는 이러한 유예기간을 적용하지 않는다.

중소기업 세제혜택의 모든 것

　같은 법인이라 하더라도 중소기업에 해당하는 경우에는 많은 세금혜택이 주어지는데 살펴보면 다음과 같다.

| 중소기업의 세제혜택 |

세제혜택	주요내용
투자세액공제	투자금액의 3% 세액공제
창업중소기업 등에 대한 세액감면	5년간 50% 세액감면
중소기업 특별세액감면	납부할 세액의 5~30% 세액감면
사업전환 중소기업에 대한 세액감면	4년간 50% 세액감면
중소기업 최대주주 주식할증평가 적용 특례	할증평가 배제
중소기업간 통합에 대한 양도소득세 과세 특례	이월과세
수도권과밀억제권역 외 지역이전 중소기업에 대한 세액감면	최초 7년간 100%, 그 후 3년간 50% 세액감면
접대비 한도 계산	기본금액 연간 2,400만원 적용
결손금	소급공제 허용
분납기한	2개월 이내
중소기업 주식양도	소액주주 10%
최저한세 적용률	7% 적용

여기서 최저한세란 세금감면의 마지노선을 정해두는 제도다. 법인이 조세감면을 적용받을 때 산출된 세금보다 적은 금액을 세금으로 납부하게 될 경우가 있는데, 무분별한 감면혜택으로 인해 정부의 세금수입이 줄어드는 경우에는 예산집행이나 국가정책 달성에 많은 어려움이 있을 수 있기 때문에 마련한 제도다. 즉, 최저한세에 미달하여 세금을 부담하게 되는 경우, 미달하는 세금에 대해서는 조세감면을 적용하지 않는다.

법인이 세법상 각종 감면을 받더라도 각종 감면적용 전 과세표준의 최저한세율인 7%만큼은 세금을 내야 한다. 이보다 세부담을 적게 하는 감면은 적용할 수 없다. 이때 일반법인은 최저한세율이 10~17%로 중소기업보다는 높다.

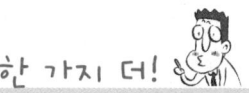

● 세액공제와 세액감면의 차이

세금에 대한 책을 읽다 보면 세액공제라는 말도 있고 세액감면이라는 말도 있다. 둘 다 세금을 줄여준다는 뜻이지만 두 개념에는 차이가 있다.

① 세액공제

특정투자니 특정비용에 대해 일정률의 금액을 세금에서 공제하는 제도로, 이월공제가 허용되며 따로 세무서에 신청하지 않고 적용받을 수 있다.

② 세액감면

세법운용과정에서 조세정책목적으로 직접 감면받는 것으로 이월공제는 불가하며 세무서에 신청해야 혜택을 받을 수 있다.

07 접대비, 무조건 경비 처리되는 것 아니다

제조공장을 운영하고 있는 최희광 씨는 업무상 거래처를 상대로 잦은 접대를 해야 했다. 회사 카드로 많은 접대비를 지출했는데, 그중 상당한 액수는 개인의 목적으로 쓴 돈이 대부분이었다. 그러나 최희광 씨는 아무런 문제가 없을 것으로 생각하고 무분별하게 법인카드를 사용했다. 다음 해에 법인세 신고를 마친 최희광 씨의 회사는 세무서로부터 한 통의 우편물을 받았다. 동종 업종의 다른 회사보다 접대비가 과다해 이에 대한 조사를 하겠다는 내용이었다. 세무조사가 끝나고 며칠 후 최희광 씨 앞으로 접대비의 업무관련성을 입증하지 못해 대표자에게 소득세를 추가로 고지한다는 내용의 과세예고통지서가 날아왔다.

접대비란 접대비·교제비·사례금, 그밖에 어떠한 명목이든 상관없이 이와 유사한 비용으로서 법인이 업무와 관련하여 특정인에게 지출한 비용을 말한다. 접대비는 원칙적으로 비용이기 때문에 손금으로 법인세법상 비용으로 인정한다. 그러나 무분별한 접대비는 사회적으로 바람직하지 않고 기업의 재무구조를 악화시키기 때문에 세법은 일정한 한도 안에서만 접대비로 인정한다. 접대비로 인정받기 위해서는 신용카드 및 직불카드 명세서, 현금영수증, 세금계산서 및 계산서 등 적격증빙을 갖추어야 한다.

회사 명의의 카드만 사용해야 한다

접대비를 사용하고 이를 인정받기 위해서는 무엇보다 그 증빙을 갖추는 것이 중요하다. 1회의 접대에 지출한 금액이 1만원을 초과하는 경우에는 반드시 신용카드 및 직불카드명세서, 현금영수증, 세금계산서, 계산서를 챙겨야 접대비로 인정받는다. 2007년에는 5만원을 초과하는 접대비부터 적격증빙을 갖추면 됐지만 2008년에는 3만원, 2009년 이후에는 1만원을 초과하는 접대비 모두 적격증빙을 갖추도록 세법이 개정되었다. 적격증빙을 구비하기 어려운 국외지역에서 지출한 사실이 명백한 경우나 회사가 직접 생산한 제품으로 제공한 접대비의 경우 적격증빙이 없더라도 접대비로 인정받을 수 있다.

접대비로 인정받기 위해서는 회사 명의의 카드만 사용해야 한다. 과거에는 법인의 접대비를 임직원 명의의 신용카드로 사용하더라도 법인의 신용카드 사용으로 인정했지만 지금은 이를 인정하지 않으므로 접대비를 지출할 때에는 반드시 회사 명의의 카드를 사용해야 한다.

접대비도 한도가 있다

접대비로 인정 받는다고 해서 무조건 비용으로 처리할 수 있는 것은 아니다. 세법은 무분별한 접대비를 규제하기 위해서 어느 정도의 접대비 한도액을 규정하고 있다. 접대비 한도액 산식은 다음과 같다.

접대비 한도액 = ① + ②

① 1,200만원(중소기업은 2,400만원) × 당해사업연도 월수 / 12

② (일반수입금액 × 적용률) + (특정수입금액 × 적용률 × 10%)

여기서 적용률은 수입금액에 따라 약간의 차이가 있다. 다음의 표를 통해 알아보자.

| 수입금액별 적용률 |

수입금액	적용률
100억원 이하	0.2%
100억원 초과 500억원 이하	0.1%
500억원 초과	0.03%

접대비 한도액은 법인사업자와 개인사업자에게 동일하게 적용된다. 단, 2개 이상의 사업장을 소유하고 있는 경우 법인세법에서는 사업장의 구분을 무시하고 접대비 한도액을 계산하고, 소득세법에서는 사업장별로 각각의 접대비 한도액을 계산한다.

접대비 한도액을 계산하기 위해서는 수입금액의 범위에 대해서도 잘 알고 있어야 한다. 수입금액은 세법을 기준으로 한 수입금액이 아니라 기업회계기준에 의해 계산한 매출액을 말한다. 총매출액에서 매출 에누리와 환입 및 매출할인을 차감한 금액이다. 또한 특정수입금액이란 특수관계자와의 거래에서 발생한 수입금액을 말한다.

그렇다면 접대비로 사용했지만 적격증빙을 갖추지 못했거나 접대비 한도액을 초과한 금액은 어떻게 처리되는 것일까? 단순히 회사의 비용으로만 인정받지 못하는 것일까? 법인사업자의 경우 접대비로 인정받지 못한 경우에는 대표자가 추가적으로 소득세를 부담할 수 있다. 건당 1만원을 초과한 접대비로서 적격증빙을 갖추지 못했거나 접대비 한도액을 초과한 금액에 대해서는 회사의 세금만 증가할 뿐 그 외의 세금문제는 발생하지 않는다.

08 기부금, 모두 경비로 인정받는 것 아니다

> 절실한 기독교 신자인 임혁순 씨는 매해 교회에 많은 기부금을 냈다. 그리고 올해 사업을 확장하다 보니 인맥관리 차원에서 동창회, 향우회 등에도 기부를 했다. 그는 기부금이 경비로 처리된다는 것을 알고 있었으므로 자신이 올해 기부한 내역을 정리해 세무서에 제출했다. 그런데 교회에 기부한 금액만 경비로 인정받을 수 있다는 말을 들었다. 같은 기부인데 어떤건 되고 어떤건 안 되는지 도저히 이해가 되지 않았다.

세법은 기부문화를 활성화하기 위해 일정한 기부금에 대해서는 비용으로 처리하거나 세액공제가 가능하도록 기부금공제 제도를 실시하고 있다. 그러나 기부금이 모두 경비로 인정받는 것은 아니다. 세법에서 지정하는 곳이 아닌 다른 곳에 기부금이 지출되었을 경우에는 이를 경비로 인정하지 않는다. 교회 이외에 기부한 동창회, 향우회는 세법에서 지정한 곳이 아니므로 임혁순 씨는 이 비용을 경비로 인정받지 못한 것이다.

 기부금은 사회에 좋은 일을 함으로써 기업의 좋은 이미지를 부각시킬 수 있고 기부금 지출비용 또는 세액공제액으로 인정받을 수 있으므로 일석이조의 효과를 가져다준다. 그러나 세금을 줄이기 위한 무분별한 기부행위는 기업 경영에 나쁜 영향을 줄 수 있으므로 세법은 기부금마다 각각의 한도액을 설정하여 무분별한 기부행위를 간접적으로 방지하고 있다.

기부금의 범위는 법인 다르고, 개인 다르다

 기부금은 크게 법정기부금, 지정기부금, 비지정기부금으로 나뉜다. 기부금은 그 종류에 따라 공제되는 한도가 각각 다르며 법인사업자와 개인사업자에 따라서 적용되는 범위도 다르다.

 법에 규정되어 있지 않은 기부금을 비지정기부금이라고 한다. 예를 들어 동창회에 기부를 하는 경우 그 성격은 기부금이지만 법적으로는 기부금으로 인정받을 수 없다. 비지정기부금을 제외한 나머지 법정기부금, 우리사주조합기부금, 지정기부금은 법적으로 범위가 정해져 있으므로 세법상 비용으로 인식하거나 세액공제를 받을 수 있다.

 기부금의 종류는 법인사업자와 개인사업자에 있어서 중복되는 내용이 있으므로 표를 통해 쉽게 이해하자.

| 기부금의 종류 |

종류	법인기업	개인기업
법정 기부금	• 국가, 지방자치단체에 기부하는 금품의 가액 • 국방헌금, 국군장병 위문금품 • 천재지변으로 인한 이재민 구호금품 • 공공기관에 지출하는 시설비, 교육비, 연구비, 장학금 • 일정한 요건을 갖춘 전문모금기관에 지출하는 기부금 • 국립대학병원 등에 지출하는 시설비, 교육비, 연구비	• 법인세법상 법정기부금 • 특별재난지역의 자원봉사용역 가액 • 정당 등에 기부한 정치자금 중 10만원을 초과하는 금액
우리사주 조합기부금	우리사주조합에 지출하는 기부(우리사주조합원이 지출하는 기부금은 제외)	우리사주조합에 지출하는 기부(우리사주조합원이 지출하는 기부금은 제외)
지정 기부금	• 사회복지법인 기부금 • 종교단체 기부금 • 정부 인허가 받은 학술연구단체, 장학단체, 기술진흥단체에 대한 기부금 • 법정단체에 지급하는 특별회비 • 임의단체에 지급하는 모든 회비 • 국민체육진흥기금, 근로자복지기금 출연금, 지역새마을 사업을 위한 기부금 • 대한적십자사 등에 대한 기부금 • 불우이웃돕기 기부금	• 사회복지법인 기부금 • 문화예술단체 등에 지출하는 기부금 • 종교단체기부금 • 의료법인 기부금 • 대한적십자사, 새마을운동 중앙본부, 국민건강보험공단에 지출하는 기부금 • 지역새마을사업을 위해 지출하는 기부금 • 불우이웃돕기 기부금 • 영업자가 조직한 단체로서 법인이거나 주무관청에 등록된 조합 또는 협회의 특별회비 • 임의로 조직된 조합 및 협회의 회비 • 근로자가 노동조합에 납부한 노동조합비 • 교원단체에 가입한 자가 납부한 회비 • 공무원직장협의회에 가입한 자가 납부한 회비

개인사업자나 법인사업자가 정당 등에 100만원을 기부한 경우에는 세법상 공제가 어떻게 적용될까?

개인사업자가 정당 등에 지출하는 금액 중 10만원까지는 100/110을 세액공제하고, 그 초과된 부분 90만원에 대해서는 법정기부금으로 기부금공제를 받을 수 있다. 그러나 법인사업자가 정당 등에 지출하는 금액은 비지정기부금으로 판단하기 때문에 비용으로 인정되지 않는다.

기부금마다 공제 한도가 다르다

기부금이라고 해서 모두 똑같은 대접을 받는 것은 아니다. 어떤 기부금은 법정기준금액의 전액을 공제받는가 하면 어떤 기부금은 법정기준금액의 50%만 공제를 받는다. 또한 기부금의 공제율은 법인과 개인이 서로 다르게 적용되는데 공제범위는 다음과 같다.

| 기부금의 공제범위 |

종류	법인기업	개인기업
법정기부금	법정기준금액의 50%	법정기준금액의 100%
우리사주 조합기부금	법정기준금액의 30%	법정기준금액의 30%
지정기부금	법정기준금액의 10%	종교단체기부금 10% 나머지 30%

기부금 한도액을 살펴보면 지정기부금보다 우리사주조합기부금이 유리하고, 우리사주조합기부금보다는 법정기부금이 유리하다는 것을 알 수 있다. 또한 개인의 법정기부금의 범위가 법인보다 방대하고 한도액을 적용하는 데 있어서도 개인이 법인보다 더 유리하다.

한도초과된 기부금은 다음 해에 공제받자

올해 기부금을 지출했으나 기부금 한도액에 걸려 일정부분에 대해 비용으로 인정받지 못했거나 세액공제를 적용받지 못한 경우에는 다음 해에 한도초과된 기부금에 대해 비용으로 인정받거나 세액공제를 받을 수 있다.

법인의 경우 그해 비용으로 인정받지 못한 법정기부금의 한도초과액은 다음 사업연도 개시일 후 5년 이내에 종료하는 각 사업연도에 비용으로 인정받을 수 있으며, 지정기부금은 5년간 한도미달액의 범위 내에서 비용으로 인정받을 수 있다.

개인의 경우 당해에 비용으로 인정받지 못한 법정기부금은 5년간, 지정기부금은 5년간 한도미달액의 범위 내에서 필요경비에 산입할 수 있다.

한 가지 더!

● 기부금 영수증 꼭 챙기자

기부금을 지출했고 지출한 금액이 법정산식에 의한 한도액보다 적다고 해서 무조건 기부금공제를 받을 수 있는 것은 아니다. 물건을 사고 현금영수증을 챙기듯 기부금을 냈다면 그에 따른 영수증을 꼭 챙겨야 한다. 그리고 지출한 기부금의 내역에 대해 명세서를 작성해야 한다. 기부금 영수증을 챙기지 않았다면 세금혜택을 제대로 받을 수 없다.

09 토지나 주택을 양도할 경우 내는 법인세

> 부동산중개소를 운영하고 있는 이지은 씨는 자신이 보유하고 있는 부동산을 양도하게 되면 고율의 양도소득세가 부과된다는 사실을 알고 있었다. 어떻게 하면 중과를 피할 수 있을까 고민하던 중 그녀는 법인을 이용하기로 마음 먹었다. 법인은 소득세법을 적용받지 않으므로 양도에 따른 중과도 없을 것이라 생각했기 때문이다. 얼마 후에 법인세 신고기한이 다가오자 이지은 씨는 거래장부 등을 가지고 세무사 사무실을 방문했다. 그런데 담당 세무사가 법인이 주택을 양도하면 이에 대해 추가로 세금을 납부해야 한다고 말했다.

법인이 토지나 주택을 취득하여 양도하면 이에 대한 법인세를 추가로 납부해야 한다. 즉, 법인이 기존의 영리사업으로 인해 벌어들였던 세금에 더하여 양도로 벌어들인 세금을 추가로 납부해야 한다.

여기서 추가로 납부하는 세금을 '토지 등 양도소득에 대한 법인세'라고 한다. 그러나 모든 부동산에 대해 추가로 세금을 내야 하는 것은 아니며 일정한 요건을 충족하는 경우에만 이 규정을 적용하게 된다.

토지 등을 양도할 경우의 법인세율

토지 등 양도소득에 대한 법인세는 비사업용 토지와 주택만을 대상으로 한다. 세율은 비사업용 토지와 주택이 등기된 자산인지 아닌지에 따라 차이가 있다.

미등기자산이어도 장기할부 조건으로 인해 취득등기가 불가능한 토지, 법률 규정이나 법원의 처분에 의해 취득등기가 불가능한 토지, 비과세대상이 되는 교환 또는 분합의 농지는 미등기토지의 범위에서 제외된다.

| 토지 등 양도소득에 대한 법인세의 세율 |

구분	토지 등 양도소득에 대한 법인세율	
	일반적인 경우	미등기자산
부동산 투기지정지역* 안의 주택·비사업용 토지	10%	40%
2013년 이후 양도하는 소재지역 불문한 주택·비사업용 토지		

※ 2012년 5월 15일 강남·서초·송파 주택투기지역 해제 이후 현재 투기지역으로 지정된 지역 없음.

이처럼 부동산을 양도하여 양도소득이 발생한 경우 양도소득에 해당 세율을 곱하여 추가로 납부해야 할 법인세를 계산하면 된다. 즉, 양도에 따른 이익에 대해 일반적인 법인세율을 적용하고 각 자산에 부과된 세율만큼 추가로 세금을 납부해야 한다는 의미다. 이때 하나의 자산이 그 이상의 세율에 해당하는 때에는 그중 가장 높은 세율을 적용한다.

모든 부동산에 대해 추가적으로 세금을 내는 것은 아니다

법인이 부동산을 양도했다 하더라도 무조건 추가적인 세금을 내는 것은 아니다. 일정한 부동산을 양도할 경우에만 추가적인 법인세를 납부하면 된다. 2012년까지는 부동산투기지정지역(강남구, 송파구, 서초구) 안의 주택·비사업용 토지를 양도한 경우 10%를 추가로 법인세를 납부하게 되며, 2013년 이후 양도하는 주택·비사업용 토지는 소재지역을 불문하고 10%(미등기자산은 40%)를 추가로 법인세를 납부하게 된다.

주택을 양도하는 경우에는 추가적인 세금을 부담한다. 여기서 주택은 모든 주택을 말하며 주택의 부수토지도 포함된다. 그러나 임대주택을 5호 이상 10년 이상 임대한 주택, 주주 등 출연자가 아닌 임원 및 사용인에게 제공하는 사택과 그밖에 무상으로 제공하는 무상제공기간이 10년 이상인 법인소유의 주택 등에 대해서는 이 규정을 적용하지 않는다.

실질적으로 사업에 직접 사용하지 않는 비사업용 토지를 양도할 경우에 추가적인 세금을 부담한다. 가령 농업회사가 농지를 구입한 후 농업의 목적으로 사용하지 않는다면 비사업용 토지에 해당한다. 우리나라 정서상 법인이 사업에 전념하지 않고 주택이나 토지의 매매차익을 얻는 투자에 주력한다면 세법상 이를 허용하지 않기 때문에 제재를 많이 받을 수밖에 없다. 오히려 개인의 양도소득세보다 무거운 법인세를 부담한다는 점을 주의해야 한다.

한 가지 더!

● 법인세는 매년 두 번 낸다

법인세는 사업연도가 종료한 후 3월 이내에 납부하는 것이 원칙이지만 각 사업연도 기간이 6월을 초과하는 법인의 경우 당해 사업연도 개시일부터 6월간을 중간예납기간으로 하여 그 기간에 대한 법인세를 납부해야 한다. 이것을 중간예납이라고 한다.

1월 1일부터 12월 31일까지를 1회계기간으로 정한 법인의 경우에는 어떻게 될까? 이때에는 1월 1일부터 6월 30일까지 중간예납기간이 된다. 그러나 법인의 사업연도가 6월을 초과하지 않는다면 중간예납에 대한 의무는 없다. 이외에도 신설된 법인(합병, 분할에 의해 신설된 법인은 제외), 중간예납기간 중 휴업 등의 사유로 사업수입금액이 없는 법인, 청산법인, 국내사업장이 없는 외국법인은 중간예납 의무를 지지 않는다.

10 감가상각으로 세금 줄이기

강희영 씨는 현재 지방에서 병원을 개업하여 운영 중이다. 최근 의학기술이 발달함에 따라 필요에 의해 최신 의료기기를 한 대 구매하기로 했다. 그러나 의료기기 비용이 10억원이라는 엄청난 금액인지라 선뜻 구입을 할 수가 없었다. 최신 기기를 사용하면 더 많은 소득을 올릴 수 있으리라 생각한 정용기 씨는 큰맘 먹고 구매하기로 한 후 담당 세무사를 찾아 의논하기로 했다.
"세무사님, 이번에 큰맘 먹고 10억원이나 되는 의료기기를 구매하게 되었습니다. 제가 동료 의사들에게 물어보니 내용연수가 8년이라고 하던데 여기서 세금을 조금 줄일 수 있는 방법이 없을까요?"
이렇게 묻자 담당 세무사는 감가상각을 많이 하면 세금을 줄일 수 있다고 호언장담했다. 과연 감가상각을 어떻게 이용한다는 것일까?

처음 기계를 구입한 후 매일 사용하게 되면 사용한 만큼 마모가 되기도 하고 일부가 부식되기도 한다. 즉, 처음 구입할 당시의 기계가 1년이 지났을 때와 10년이 지났을 때에 그 가치가 동일하다고 할 수는 없다. 그렇기 때문에 매년 일정부분을 상각하여 기계의 가치를 측정하는데 이를 감가상각이라고 한다. 감가상각을 하는 방법에는 여러 가지가 있으나 세법은 동일한 자산에 대해 동일한 평가를 하기 위해 일정한 자산에 대해서 감가상각 하는 방법을 법으로 규정하고 있다. 사업용으로 이용되는 대부분의 자산이 감가상각을 하는 자산이라고 이해하면 된다. 먼저 자산별 감가상각 방법을 살펴보자.

| 자산별 감가상각 방법 |

구분		선택 가능한 방법	무신고시 상각방법
유형고정자산	① 기타의 유형고정자산	정액법 또는 정률법	정률법
	② 건축물	정액법	정액법
	③ 광업용 유형고정자산	생산량비례법, 정액법 또는 정률법	생산량비례법
	④ 폐기물 매립시설	생산량비례법 또는 정액법	생산량비례법
무형고정자산	① 기타의 무형고정자산 (특허권, 영업권)	정액법	정액법
	② 광업권	생산량비례법 또는 정액법	생산량비례법
	③ 개발비	20년 이내 기간에 따른 정액법	5년간 매년 균등액 상각
	④ 사용수익 기부자산	특약이 있으면 그 사용수익기간 특약이 없으면 신고내용연수에 따라 신고내용연수에 따라 안분한 금액	
	⑤ 주파수이용권 및 공항시설관리권	사용기간에 따라 균등액 상각	

감가상각 방법은 사업자가 정하여 신고할 수 있다. 신고를 하지 않은 경우에는 무신고한 경우의 감가상각 방법을 기준으로 처리하면 된다.

감가상각 방법은 신고하는 것이 좋다

감가상각 방법은 신고하지 않는 경우 세법에서 정해진 방식대로 결정되므로 신고하지 않는 것으로 인한 불이익은 없다. 그런데 납세자에게 유리한 방식으로 신고를 하면 더 많은 혜택을 얻을 수 있으므로 신고하는 것이 바람직하다.

처음 사업을 시작한 경우라면 법인세 신고기한까지, 사업 중 새로 자산을 취득한 경우라면 취득한 해의 법인세 신고기한까지 신고하면 된다. 신고방법은 법인세 신고 시 감가상각방법 신고서를 작성해서 제출하면 된다. 감가상각 방법의 변경은 일정한 사유충족시에만 가능하며, 변경할 상각방법을 적용하고자 하는 최초 사업연도의 종료일까지 납세지 관할 세무서장에게 신창하여 승인을 얻어야 한다.

정률법을 사용하면 무조건 세금이 줄어든다?

감가상각 방법에는 정률법, 정액법, 생사량비례법이 있다. 생산량비례법은 광업 등 특수한 업종에서만 사용되므로 여기서는 정률법과 정액법을 비교해서 알아보자. 정액법이란 사업연도마다 똑같은 금액을 감가상각비로 계산하는 방법을 말한다. 기초 회사장부에 적혀 있는 자산가액에 일정한 상각률을 곱하여 산출한 가액을 감가상각비로 계산하는 방법이다. 일반적으로 정률법이 정액법보다 감가상각비가 커서 감가상각 초기에 비용을 많이 계상할 수 있다. 즉, 정률법을 사용하면 정액법에 비해 현재의 세금이 줄어든다. 그러나 장기적으로 본다면 세금의 차이는 거의 없다. 정률법은 정액법보다 초기에 감가상각비를 많이 계상하기 때문에 내용연수 말기에 이르면 정액법보다 감가상각비가 적게 된다.

2013년 1월 1일에 10억원에 취득한 자산의 2013년 이후의 감가상각비를 살펴보자(단, 자산A의 기준내용 연수는 8년이다).

① 정액법으로 상각하는 경우(상각률 0.125)
감가상각비 (2013년) 1,000,000,000 X 0.125 = 125,000,000
        (2014년) 1,000,000,000 X 0.125 = 125,000,000
        (2015년) 1,000,000,000 X 0.125 = 125,000,000
        (2016년) 1,000,000,000 X 0.125 = 125,000,000

② 정률법으로 상각하는 경우(상각률 0.313)
감가상각비 (2013년) 1,000,000,000 X 0.313 = 313,000,000
        (2014년) 687,000,000 X 0.313 = 215,031,000
        (2015년) 417,969,000 X 0.313 = 147,726,297
        (2016년) 324,242,703 X 0.313 = 101,487,966

정률법에서 감가상각비는 최초의 취득가액을 기준으로 하는 것이 아니라 상각 후의 장부가액을 기준으로 상각한다. 따라서 위의 2014년과 2015년의 경우 직전년도에 상각 후 장부가액은 각각 687,000,000(=1,000,000,000-313,000,000), 471,969,000(=687,000,000-215,031,000)을 기준으로 계산한다. 이처럼 2014년 이후에는 정률법보다 정액법의 감가상각비가 크다는 것을 알 수 있다.

결국 장기적인 관점에서는 정액법으로 상각하거나 정률법으로 상각하거나 감가상각비는 차이가 없다. 다만 정률법으로 상각하는 경우에는 초기 세금부담을 줄일 수 있다는 매력이 있다. 감가상각비 차이가 별로 크지 않는 경우에는 초기 세금부담 감소에 따른 효과가 미미하겠지만 감가상각비 차이가 1억원을 상회하는 큰 금액일 경우에는 정률법에 따른 이자 혜택을 톡톡히 누릴 수 있을 것이다.

part **6**

내실 있는 회사 만들기 위해 알아야 할 세무지식

● 매년 세금을 내야 하는 달이 되면 사업자들은 조금이라도 세금을 적게 내기 위해 내가 어떤 공제를 받을 수 있는가에 대해 알아보기 바쁘다. 그러나 세금은 단순히 매출과 비용에 관한 문제만은 아니다. 절세를 하기 위해서 알아두어야 할 세금으로는 소득세법, 부가가치세법이 기본적이지만 이외에도 세금을 좀 더 절약하기 위해 조세특례제한법을 알아두는 것이 좋다. 또한 내지 않아도 될 세금을 냈다면 돌려받는 방법도 있으니, 잘 알아보고 환급받도록 하자.

이처럼 사업자가 세금지식을 갖고 있다면 절세혜택을 받을 수 있는 방법은 얼마든지 있다. 무조건 세무사에게 맡기지 말고 사업자 스스로가 합법적인 절세혜택을 받도록 노력하는 자세가 중요하다는 사실을 잊지 마라.

01 근로계약서 제대로 작성하기

> 컴퓨터프로그램 회사를 운영한 지 2년째인 김봉수 씨는 여태까지 혼자 일을 하다 어느 정도 안정된 거래처를 확보했다는 확신이 들어 직원 두 명을 고용했다. 직원을 고용해보니 4대보험 처리 및 근로계약서 작성 등 사업자로서 처리해야 할 사항이 상당히 많다는 사실을 알았다.

직원을 고용하면 제일 먼저 근로계약서를 작성하게 된다. 근로계약서에는 근로계약기간과 근무장소, 업무내용 등이 작성되고 임금부분도 구체적으로 명시된다. 근로계약서는 2통을 작성하여 1통은 근로자 본인이 보관하고 다른 1통은 사용자(대표자)가 보관한다. 근로계약서를 작성했다는 것은 정상적으로 사용자와 근로자 사이에 고용관계가 성립되었다는 것을 의미하는데, 이때 회사는 근로자에 대한 근로자명부를 작성해야 한다. 근로자명부에는 성명, 성별, 생년월일, 주소, 이력, 종사하는 업무의 종류, 고용 또는 고용갱신 연월일 및 계약기간을 정한 경우 그 기간과 기타 고용에 관한 사항을 적는다. 근로자가 해고·퇴직 또는 사망했을 경우에는 그 연월일 및 사유, 기타 필요한 사항을 반드시 기록하여 보존해야 한다.

회사의 대표는 근로계약서, 임금대장, 임금의 결정·지급방법 및 임금계산의 기초에 관한 서류, 고용·해고·퇴직에 관한 서류, 승급·감급에 관한 서류, 휴가에 관한 서류 등을 3년간 보존해야 한다. 추후 근로자와 사업주 간에 근로시간, 급여, 퇴직금 등과 관련된 법적분쟁이 발생했을 때 사업주가 이를 입증할 수 있어야 하기 때문이다.

● 4대보험

4대보험은 사회보장성격으로 강제적인 성격을 띠고 있는 것으로, 많은 사업자가 꺼리는 비용 중 하나다. 또한 근로자 입장에서도 급여의 약 8~9%에 해당하는 금액을 본의 아니게 납부하기 때문에 속이 쓰릴 것이다. 그러나 4대보험은 노후대비와 의료혜택을 줄 뿐만 아니라, 실직했을 경우 실업급여를 지급해줌으로써 사업주나 근로자 입장에서 안전한 회사생활의 필수불가결한 제도다.

| 4대보험의 부담비율 |
(2013. 12. 31 기준)

구분	총보험료율	회사부담분	근로자부담분
건강보험	6.07%	3.035%	3.035%
장기요양보험	건강보험×6.55%	건강보험×6.55%	건강보험×6.55%
국민연금	9%	4.5%	4.5%
고용보험	1.55%	0.9%(150인 미만 기업 기준)	0.65%
산재보험	요율표	전액	-

근 로 계 약 서

○○주식회사에 재직 중 근로기준법과 회사의 취업규칙 및 제반규정을 성실히 준수할 것을 서약하고 다음과 같이 사업주(이하 '갑'이라 함)와 근로자(이하 '을'이라 함)간 근로계약을 체결함.

1. 근로계약기간 :   년 월 일부터   년 월 일까지
2. 근무장소 :
3. 업무의 내용 :
4. 근로시간
   - 평 일 :   시 분부터   시 분까지(휴게시간 :   )
   - 토요일 : 시 분부터   시 분까지
5. 근무일/휴일 :
6. 임금
   - 시간(일, 월)급 :   원
   - 기타급여(제 수당, 상여금 등)
   - 없음( )   • 있음   원(해당 사항별 기재)
   ※ 상여금 지급 시는 반드시 지급율(액), 지급시기 등을 명확히 기재

   - 가산임금률(연장, 야간, 휴일근로 등) :   %(해당 사항별 기재)
   - 임금지급일 : 매월(매주)   일
   - 지급방법 : 직접 주거나 또는 예금통장으로 입금
7. 기타
   - 이 계약에 정함이 없는 사항은 관계법령 및 회사의 취업규칙에 정한 바에 따름.

상기사실을 확실히 하기 위하여 본 계약서를 2통 작성하여 사용자와 근로자가 각 1통씩 보관하기로 함.

                                          년 월 일

(갑) 사업체명 :   주소 :   (전화)
    대 표 자 :   (서명)
(을) 주 소 :   주민등록번호 :   (전화)
    성 명 :   (서명)

02 종업원 급여 지급 시 원천징수 잊지 마라

처음 사업을 시작하는 홍준익 씨는 자신이 고용한 직원들에게 매월 급여를 통장으로 이체해줬다. 급여이체 정도야 혼자서도 할 수 있을 거란 생각에 지금까지 근로계약서상의 금액을 월할계산해서 지급해왔는데, 어느 날 경리경험이 있는 직원이 자신의 급여가 생각보다 많이 지급되었다는 것이 아닌가. 분명히 계약서상의 금액으로 지급했는데……. 한참을 고민하던 홍준익 씨는 세무사를 찾아가 문의해보기로 했다. 담당 세무사는 급여지급 시 근로소득원천징수금액과 4대보험료를 차감한 금액을 지급해야 한다고 말했다. 이제껏 직원들에게 지급한 금액은 원래 지급한 금액의 약 15% 정도를 더 지급한 꼴이 된 것이다.

대부분의 직장인들은 매달 급여를 지급받을 때 그에 대한 소득세를 원천징수한 후의 금액을 받게 된다. 원천징수란 앞서 언급한 바와 같이 사업자 또는 법인이 종업원의 급여를 지급할 때 미리 세금을 떼어 세무서에 대신 납부하는 제도다. 원천징수로 뗀 세금은 원천징수한 다음 달 10일까지 납부하고 세무서에 원천징수 이행상황신고를 해야 한다. 단, 직전연도의 상시고용인원이 20명 이하인 경우에는 반기 다음 달 10일까지 납부할 수 있다.

종업원에게 매월 급여를 지급할 때에는 간이세액표를 기준으로 소득세를 떼어 납부하고 다음 해 2월분의 급여를 지급할 때에 연말정산으로 처리해야 한다.

퇴직금을 지급할 때에도 원천징수를 잊지 말자

홍준익 씨는 종업원의 퇴직금에 대해 원천징수를 하지 않아 가산세를 내게 되었다. 근로소득만이 원천징수 대상이 아니기 때문에 사업자라면 근로소득 외에 다른 원천징수 대상 소득을 파악하고 있어야 가산세를 부담하지 않는다. 퇴직금에 대한 원천징수는 다음과 같이 계산한다.

$$\text{종전 규정에 따른 산출세액} \times 60\% + \text{개정규정에 따른 산출세액} \times 40\%$$

1_ 종전 규정에 따른 산출세액

$$\text{세액} = [(\text{퇴직금} - \text{퇴직소득공제}) \times \frac{1}{\text{근속연수}} \times 5 \times \text{기본세율}] \times \frac{1}{5} \times \text{근속연수}$$

2_ 개정 규정에 따른 산출세액

(2015.1.1. 이후 발생하는 퇴직소득에 적용되는 규정)

$$세액 = [(퇴직금 - 근속연수공제) \times \frac{12}{근속연수} - 환산급여공제] \times 기본세율 \times \frac{근속연수}{12}$$

예를 들어 퇴직금이 6천만원이고 퇴직소득공제가 3천만원, 근속연수공제가 3백반원, 환산급여공제가 5천만원, 근속연수가 8년인 경우에는 279만 5천 2백원을 원천징수하게 된다.

상금이나 강연료 등을 지급하는 경우에도 원천징수를 해야 한다. 이러한 소득을 기타소득이라고 하는데, 기타소득은 법에 열거한 최소한 80%의 필요경비를 인정한다. 그러나 필요경비가 확인되는 경우에는 확인된 필요경비를 모두 인정한다. 다음 표를 통해 원천징수 대상소득을 알아보자.

| 원천징수 대상소득 |

구분	세율
이자소득	• 일반적인 경우 : 14% • 비영업대금이익 : 25% • 분리과세 장기채권 : 30% • 직장공제회 초과반환금 : 기본세율 • 비실명 이자소득 : 38%(90%)
배당소득	• 일반적인 경우 : 14% • 비실명 배당소득 : 38%(90%) • 출자공동사업자 배당소득 : 25% • 분리과세 배당소득 : 5%, 9%, 14%
보험모집인 사업소득	3%
봉사료 수입금액	5%
갑종 근로소득	• 일반적인 경우 : 기본세율 • 일용근로자 : 6%
갑종 퇴직소득	기본세율
기타소득	• 일반적인 경우 : 20% • 복권당첨소득 등 3억원 초과분 : 30%

연금소득	• 공적연금 : 간이세액표에 의해 원천징수
	• 사적연금 ┌ 이연퇴직소득 : 이연퇴직소득세 원천징수액 × 70%
	         └ 이외 : 70세 미만 : 5%
	              70~80세 미만 : 4%
	              80세 이상 : 3%
	              종신계약에 따른 수령 : 4%

지급조서는 반드시 제출하자

원천징수 대상소득을 소득자로부터 원천징수한 경우에는 그 소득자에게 원천징수영수증을 교부해야 한다. 그리고 이에 대한 원천징수영수증 또는 지급조서는 원천징수소득의 지급일이 속하는 해의 다음연도 2월 말까지 관할세무서에 제출한다. 단, 일용근로자는 원천징수 지급조서를 분기별로 파악하여 1/4분기는 4월, 2/4분기는 7월, 3/4분기는 10월, 4/4분기는 다음 해 2월에 제출해야 한다. 일용근로자란 동일한 사업장에서 3개월(건설현장 근로자는 1년) 미만으로 근무한 종업원을 말하며 대부분 일당을 받거나 아르바이트를 하는 사람들이 여기에 해당한다.

이러한 원천징수 지급조서는 직접 세무서를 방문하여 제출해야 하지만 우편이나 국세청 홈택스서비스 및 현금영수증 단말기(납부할 세액이 없는 일용근로소득)를 통해 제출할 수도 있다. 또한 서식이 아닌 CD나 다른 전산매체를 통해서도 제출이 가능하다.

원천징수와 관련된 가산세

원천징수 의무를 제대로 이행하지 않았다면 이에 대한 가산세를 부담해야 한다. 지급조서를 제출해야 하는 사업자가 해당 지급조서를 제출기한 내에 지출하지 않거나 제출한 지급조서가 불분명한 경우에는 해당 금액의 2%를 지급조서 제출불성실가산세로 부담하게 된다. 단, 지연제출의 경우에는 1%의 가산세가 적용된다.

> 지급조서 불성실가산세 = 미제출 × 불분명 금액 × 2%(지연제출 1%)

또한 원천징수의무자가 원천징수세액을 기한 내에 납부하지 않았거나 납부했더라도 금액이 부족하다면 원천징수납부 불성실가산세를 부담하게 된다.

원천징수납부 불성실가산세 = ①, ② 중 많은 금액
① 미달납부세액 × 10%
② 미달납부세액 × 미납기간 × 0.03% + 미달납부세액 × 3%

앞에서 홍준익 씨는 종업원에게 퇴직금을 지급할 때에 원천징수를 하지 않았으므로 지급조서 불성실가산세와 원천징수납부 불성실가산세를 부담하게 된다.

03 사업이 어려우면 세금납부를 연기하라

해변가에서 몇 년째 대형횟집을 운영하고 있는 조용민 씨는 얼마 전 수십년 만에 우리나라에 상륙한 태풍으로 인해 가게가 파손되는 등 막대한 손실을 보았다. 세무사의 도움으로 재해손실을 입은 부분에 대해서는 재해손실세액공제를 받았다. 그러나 또 다른 문제가 있었다. 종합소득세를 납부해야 하는데 파손된 가게에 돈이 들어가다 보니 세금을 낼 돈이 없었던 것이다. 신고기한은 하루하루 다가오고 세금 낼 돈을 구할 곳도 없어 조용민 씨는 절망에 빠졌다.

사업자가 천재지변 등의 사유로 납세의무를 제대로 이행하기 어려운 상황에 처해 있다면 국세청에서는 납세자가 제대로 사업을 시작할 수 있을 때까지 신고와 납부를 연기해준다. 법이 정하는 일정한 사유로 인해 세금을 정해진 기간 안에 신고·납부하지 못하게 될 경우 기한을 연장받고자 한다면 기한만료일 3일 전까지 세금 기한 연장 사유를 문서로 작성해 신청하면 된다. 법에서 인정하는 세금 기한 연장 사유는 다음과 같다.

① 천재지변으로 재해를 입었거나 납세자가 화재 및 기타 재해를 입거나 도난을 당했을 경우
② 납세자 또는 그 동거가족이 질병으로 위중하거나 사망하여 상중인 경우
③ 납세자가 사업에 심한 손해를 입거나 그 사업이 중대한 위기에 처한 경우(이 경우에는 납부기한만 연장)
④ 정전, 프로그램 오류, 기타 부득이한 사유로 한국은행 및 체신관서의 정보통신망의 정상적인 가동이 불가능한 경우
⑤ 금융기관 또는 체신관서의 휴무, 그밖에 부득이한 사유로 정상적인 세금납부가 곤란하다고 국세청장이 인정하는 경우
⑥ 권한이 있는 기관에 장부 또는 서류가 압수 또는 영치된 경우
⑦ 세무사법에 따라 납세자의 장부작성을 대행하는 세무사(세무법인 포함) 또는 같은 법에 따른 회계사(회계법인 포함)가 화재, 전화, 그밖의 재해를 입거나 도난을 당한 경우.

이외에도 이에 준하는 사유가 있는 때에는 기한의 연장에 따른 혜택을 받을 수 있다.

세무조사 사전통지를 받은 납세자가 천재지변 등이 법이 정하는 일정한 사유 중 어느 하나에 해당하여 세무조사를 받기 힘든 경우에는 관할 세무서장에게 세무조사 연기를 신청할 수 있다. 또한 납세자가 재해 등의 사유로 세금을 납부하기 곤란한 사정이 있는 경우에는 세금의 징수를 유예하게 되는데, 이를 징수유예라고 한다. 징수유예의 기간은 그 유예한 날의 다음날부터 9월 이내다.

04 억울한 세금 돌려받기

> 의류 매장을 운영하고 있는 곽지수 씨는 며칠 전 세무조사를 받은 후 세무조사 결과에 대한 과세예고통지서를 받았다. 과세예고통지서를 받아 본 곽지수 씨는 자신이 생각했던 것보다 너무 많은 세금에 어이가 없어 당장 통지내용이 적법한지 알아보기 위해 전문가를 찾아갔다.

사업을 하다 보면 언제나 부딪히는 것이 세금문제다. 세무조사를 받아 추가로 세금을 내게 되는 경우도 있다. 그러나 과세된 세금이 제대로 징수된 액수인지 너무 많은 세금을 내는 것은 아닌지 의문이 들 때가 있다. 과거에 억울한 일을 당한 사람을 위해 신문고제도가 있었던 것처럼 세법은 억울한 세금을 부과받은 납세자를 구제하기 위해 여러 가지 제도를 운영하고 있다. 따라서 세금에 대한 내역을 확인하고 싶다면 이러한 제도를 적절히 활용하는 것이 좋다.

1_ 과세전적부심사제도

과세전적부심사란 세금에 대한 어떤 처분을 받기 전에 납세자의 청구에 의해서 그 처분이 타당한지를 미리 심사하는 제도다. 이 제도는 세금에 대한 어떤 처분이 있기 전에 위법한 경우나 부당한 국세처분을 미연에 방지하는 제도이므로 사전적 권리구제제도에 해당한다. 곽지수 씨처럼 세무조사를 받게 되면 그에 대한 서면통지나 과세예고통지를 하게 된다. 이때 그 통지를 받은 날로부터 30일 이내에 당해 세무서장 또는 지방국세청장에게 통지 내용의 적법성 여부에 관한 심사를 청구할 수 있다. 이렇게 청구한 건에 대해서 세무서장 등은 과세전적부심사위원회의 심사를 거쳐 이를 결정한 후 30일 이내에 청구인에게 통지한다. 청구인의 청구 이유가 합당하지 않다는 결정이 난 경우 과세관청은 국세처분을 이행하게 된다.

2_ 납세자보호담당관제도

납세자보호담당관제도는 세금과 관련된 고충에 대해서 납세자의 편에 서서 적극적으로 처리해주는 제도로 기한이나 형식에 아무런 제한이 없다.

3_ 조세불복

과세전적부심사제도나 납세자보호담당관제도로도 구제를 받지 못했다면 이의신청, 국세청 심사청구, 국세심판원 심판청구, 감사원 심사청구를 제기하는 방법을 택할 수 있는데, 이를 조세불복이라고 한다. 만약 조세불복 단계에서 구제를 받지 못한 경우에는 마지막으로 법원에 행정소송을 제기할 수 있다.

통상적으로 납세자는 '이의신청 → 심사/심판 청구 → 행정소송'의 불복을 할 수 있으며 '심사/심판 청구 → 행정소송'을 할 수도 있다. 이때 각 단계는 처분이 있는 것을 안 날로부터 90일 이내에 제기해야 한다. 문제는 조세불복에 있어서 기한을 오해하여 조세불복의 기회를 놓쳐버리는 경우가 다수라는 점이다.

세법상 '처분이 있는 것을 안 날'이란 우편물이 납세자에게 도착한 날이지 납부기한이 아니다. 만약 홍길동 씨가 양도소득세 고지서를 6월 17일 수령했고 고지서의 납부기한은 6월 30일이라고 한다면, 이 경우 이의신청 기한은 수령한 날인 6월 17일로부터 90일 이내다. 이때 이의신청을 9월 30일까지로 오해해 불복기간이 경과하면 조세불복의 기회를 상실하게 된다. 조세불복은 납세자의 권리이자 전문가의 조력이 가장 필요한 부분이기도 하다.

만약 납세자가 억울한 세금을 내야 할 상황이라고 판단되면 자신의 억울함을 적극적으로 호소해야 한다. 국세청이 "아, 저희의 실수로 고지되었습니다"라고 스스로 인정하고 세금을 돌려주는 경우는 거의 없다. 부당한 경우를 당했다면 정당한 납세자의 권익을 되찾기 위한 제도인 조세불복을 적극적으로 활용해야 한다.

05 세금이 많으면 분납을 활용하라

박성호 씨는 동네에서 조그마한 빵집을 운영하고 있다. 처음에는 장사가 잘 되지 않아 고민이 많았지만 차츰 장사가 잘되어 수입도 짭짤해졌다. 처음 빵집을 시작할 때에는 수입이 얼마 되지 않아서 별 문제가 없었지만 올해에는 많은 수입을 올려서인지 2,500만원이라는 세금이 나왔다.
박성호 씨는 일단 가산세는 부담하지 말자는 생각으로 은행에서 대출을 받기로 했다. 며칠 후 이런 사실을 동생에게 털어놓자 동생은 분납제도를 활용했으면 대출을 받을 필요가 없었을 것이라며 안타까워했다.

소득이 있는 사람이라면 누구나 세금을 낸다. 그러나 세금이 너무 많이 나온 경우에는 납세자에게 부담이 될 수 있다. 그렇다고 국세청에서 세금을 줄여줄 수도 없는 노릇이다. 이럴 때에는 분납제도를 활용하자. 분납제도란 납부할 세금이 1천만원을 초과하는 경우 일정 금액을 1개월 또는 2개월 후에 납부할 수 있는 제도를 말하는데,

분납할 수 있는 금액의 범위는 다음과 같다.

| 분납 가능한 금액의 범위 |

구분	분납 가능한 금액
납부할 세금이 2천만원 이하인 경우	1천만원을 초과하는 금액
납부할 세금이 2천만원 초과인 경우	납부할 세금의 50%

법인의 분납기한은 1개월이지만 중소기업의 경우에는 2개월이다. 소득세 분납기한은 모두 2개월이다.

| 대상별 소득세 분납기한 |

대상자	분납기한
중소기업이 아닌 법인	1개월
중소기업 법인	2개월
개인사업자	2개월

예를 들어 중소기업에 해당하는 법인이 1,500만원의 세금을 납부해야 한다면 3월 31일까지 1천만원을 납부하고 그 후 2개월 뒤에 500만원의 세금을 납부할 수 있다.

가산세는 분납할 수 없다

가산세의 경우 분납이 불가능하다. 납세의무불성실로 인해 발생하는 가산세에 대해서는 분납제도를 적용하지 않는 것이다. 예를 들어 중소기업에 해당하는 법인이 1,200만원의 세금과 300만원의 가산세를 납부해야 한다면 3월 31일까지 1,300만원(1,000+가산세 300)을 납부하고 그 후 2개월 뒤에 200만원의 세금을 납부할 수 있다. 즉, 가산세는 분납하여 납부할 수 없다. 중소기업이 2,200만원의 세금과 300만원의 가산세를 납부해야 한다면 3월 31일까지 1,400만원((2,200×50%)+가산세 300)을 납부하고 그 후 2개월 뒤에 1,100만원을 납부할 수 있다.

대부분의 사업자는 매월 일정한 세금을 축적해 놓는 것이 아니기 때문에 일시적으로 많은 세금을 한꺼번에 부담할 재원이 마련되어 있지 않을 가능성이 많다. 이처럼 자금의 유동성이 떨어지는 소규모 사업장의 경우에는 이와 같은 분납제도를 적극적으로 활용하면 자금에 대한 이자혜택과 고액의 세금압박을 일시적으로나마 해소할 수 있다.

사업자가 알아야 할 365일 납세일

납세일은 1년을 기준으로 반복된다. 처음 사업을 시작하고 세금고지서를 받게 되면 매일 세금을 내는 것처럼 느낄 수 있다. 그러나 세무 일정은 매해 일정하다. 사업자라면 세무일지를 만들어 미리 세금에 대해 준비를 하는 것이 사업을 영위하는 데 많은 도움이 될 수 있다.

| 사업자가 매년 신고 납부해야 하는 주요 세금 |

월	일	내용
1	10	• 원천징수분 법인세 · 소득세 · 지방소득세(소득분) 납부 • 소규모사업자 원천세 반기별 납부 • 증권거래세 신고납부(예탁결제원 · 금융투자업자) • 4대보험 납부
	25	• 부가가치세 확정신고 납부
	31	• 종합소득세 중간예납분 분납 • 9월말 결산법인 법인세분 지방소득세 신고납부
2	10	• 원천징수분 법인세 · 소득세 · 지방소득세(소득분) 납부 • 증권거래세 신고납부(예탁결제원 · 금융투자업자) • 면세사업자 사업장 현황신고 • 4대보험 납부
	15	• 종합부동산세 정기고지분 및 정기신고분 분납
	28	• 6월 말 결산법인 법인세 중간예납 • 양도소득세 예정신고납부(주식 등) • 일용근로자의 근로소득 지급명세서 제출 • 지급명세서 제출(원천징수대상 사업 · 근로 · 퇴직소득 제외) • 증권거래세 신고납부(예탁결제원 · 금융투자업자 제외)
3	10	• 지급명세서(사업 · 근로 · 퇴직소득) 제출(일용근로자 제외) • 원천징수분 법인세 · 소득세 · 지방소득세(소득분) 납부 • 증권거래세 신고납부(예탁결제원 · 금융투자업자) • 4대보험 납부
	31	• 12월 말 결산법인 법인세 신고납부 • 공익법인 등의 세무확인서 · 출연재산 등에 대한 보고서 제출 • 고용보험 · 산재보험료(개산 · 확정) 자진신고납부
4	10	• 원천징수분 법인세 · 소득세 · 지방소득세(소득분) 납부 • 증권거래세 신고납부(예탁결제원 · 금융투자업자) • 4대보험 납부
	25	• 부가가치세 예정신고 납부
	30	• 12월 말 결산법인(일반) 법인세 분납 • 일용근로자의 근로소득 지급명세서 제출 • 12월 말 결산법인 법인세분 지방소득세 신고납부

5	10	• 원천징수분 법인세·소득세·지방소득세(소득분) 납부 • 4대보험 납부
	31	• 12월 말 결산법인(중소) 법인세 분납 • 9월 말 결산법인 법인세 중간예납 • 종합소득세(양도소득세 포함) 확정신고 납부 • 소득세분 지방소득세 신고납부 • 양도소득세 예정신고납부(주식 등) • 증권거래세 신고납부(예탁결제원·금융투자업자 제외) [1~3월분]
6	10	• 원천징수분 법인세·소득세·지방소득세(소득분) 납부 • 부가가치세 주사업장 총괄납부 신청 및 포기신고 [과세기간 개시 20일 전] • 사업자단위과세사업자 등록 [과세기간 개시 20일 전] • 증권거래세 신고납부(예탁결제원·금융투자업자) • 4대보험 납부
	30	• 3월 말 결산법인 법인세 신고납부 • 소규모사업자 원천세 반기별납부 승인신청 • 외국사업자 부가가치세 환급신청 • 간이과세 포기신고 [부가가치세법 제30조 제1항] • 종합소득세 확정신고·납부(성실신고확인대상 사업자)
7	10	• 원천징수분 법인세·소득세·지방소득세(소득분) 납부 • 소규모사업자 원천세 반기별 납부 • 증권거래세 신고납부(예탁결제원·금융투자업자) • 4대보험 납부
	25	• 부가가치세 확정신고 납부
	31	• 종합소득세 분납 • 일용근로자의 근로소득 지급명세서 제출 • 3월 말 결산법인 법인세분 지방소득세 신고납부 • 재산세(지역자원시설세·지방교육세 포함) 납부[건축물·주택의 1/2·선박·항공기] • 주민세(재산분) 신고납부 [2011년분]
8	10	• 원천징수분 법인세·소득세·지방소득세(소득분) 납부 • 증권거래세 신고납부(예탁결제원·금융투자업자) • 4대보험 납부

	31	• 12월 말 결산법인 법인세 중간예납 • 양도소득세 예정신고납부(주식 등) • 증권거래세 신고납부(예탁결제원 · 금융투자업자 제외)주민세(균등분) 납부 • 종합소득세 확정신고분 분납(성실신고확인대상 사업자)
9	10	• 원천징수분 법인세 · 소득세 · 지방소득세(소득분) 납부 • 증권거래세 신고납부(예탁결제원 · 금융투자업자) • 4대보험 납부
	30	• 6월 말 결산법인 법인세 신고납부 • 12월 말 결산법인(일반) 법인세 중간예납 분납 • 종합부동산세 과세특례신고 • 임대(기타)주택 합산배제신고 • 재산세(지역자원시설세 · 지방교육세 포함) 납부 [토지 · 주택의 1/2]
10	10	• 원천징수분 법인세 · 소득세 · 지방소득세(소득분) 납부 • 증권거래세 신고납부(예탁결제원 · 금융투자업자) • 4대보험 납부
	25	• 부가가치세 예정신고 납부
	31	• 12월 말 결산법인(중소) 법인세 중간예납 분납 • 일용근로자의 근로소득 지급명세서 제출 • 6월 말 결산법인 법인세분 지방소득세 신고납부
11	10	• 원천징수분 법인세 · 소득세 · 지방소득세(소득분) 납부 • 증권거래세 신고납부(예탁결제원 · 금융투자업자) • 4대보험 납부
	19	• 3월 말 결산법인 법인세 중간예납 • 종합소득세 중간예납세액 납부 및 중간예납추계액 신고 • 양도소득세 예정신고납부(주식 등) • 증권거래세 신고납부(예탁결제원 · 금융투자업자 제외)
12	10	• 원천징수분 법인세 · 소득세 · 지방소득세(소득분) 납부 • 증권거래세 신고납부(예탁결제원 · 금융투자업자) • 4대보험 납부 • 부가가치세 주사업장 총괄납부신청 및 포기신고 [과세기간 개시 20일 전] • 사업자단위과세사업자 등록 [과세기간 개시 20일 전]
	15	• 종합부동산세 납부 또는 신고납부

여기서 주의할 점은 만약 해당일이 토요일이나 일요일 및 공휴일인 경우에는 그 다음날이 신고납부기한이라는 것이다. 법인세 납부기한이 3월 31일이고 그날이 토요일인 경우에는 월요일인 4월 2일이 신고납부기한이 된다.

사업을 신규로 시작하는 경우 앞의 표를 보면 아마도 머리부터 아파오기 시작할 것이다. 사실 부가가치세와 종합소득세 신고납부기한만 기본적으로 숙지한다면 머리 아플 일도 없다. 음식점을 경영하는 개인사업자의 경우 매년 1월, 7월은 부가가치세신고기간이고(법인인 경우 여기에 4월, 9월이 추가된다) 5월은 종합소득세 확정신고기간이라는 점만 알아두도록 하자.

06 폐업해야 한다면
폐업신고와 세금신고는 필수!

가구 제조업을 하는 최희광 씨는 장기적인 경기불황으로 늘어나는 인건비와 기타 고정비를 감당하기 어려울 뿐만 아니라 회사가 계속 적자에 허덕이자 고민 끝에 사업을 정리하기로 했다. 마이너스 회사라 최희광 씨는 폐업신고를 하지 않은 채 외국에서 사업을 하고 있는 형의 일을 돕기 위해 외국으로 떠났다. 몇 년 후 한국에 돌아온 그는 그동안 모아둔 돈과 노하우로 외국 가구 직수입대리점을 차리고자 사업자등록증을 신청하기 위해 관할 세무서를 찾았다. 그런데 몇 년 전 세무서에서 가구 제조업을 폐업할 당시 폐업신고를 하지 않아 체납된 세금을 납부해야 한다는 말을 듣게 되었다. 그렇지 않으면 체납된 세금으로 인해 지금의 가구대리점을 압류할 수도 있다는 것이다.

사업을 처음 시작할 때에 사업자등록을 신고하듯이 폐업을 하는 경우에도 폐업신고를 해야 한다. 폐업신고를 하지 않은 경우에는 여러 가지 불이익을 받게 된다. 사업을 하면서 발생한 세금계산서는 모두 과세관청의 전산망에 입력되므로 폐업신고를 하지 않으면 매출 자료는 그대로 과세되고 매입 자료는 매입세액 공제를 받을 수 없게 된다. 매출 자료가 없고 매입 자료만 있는 경우에는 매입 자료에 해당하는 것을 모두 매출된 것으로 산정해 부가가치세를 부과받는다. 즉, 적자가 발생하더라도 이를 인정받을 수 없게 된다. 새로운 재산을 취득했을 경우 체납자 소유의 재산으로 확인되면 즉시 압류해 공매처분을 당하게 된다. 면허 허가기관에 폐업신고를 하지 않으면 매년 1월 1일을 기준으로 면허가 갱신된 것으로 보기 때문에 면허세 또한 계속 부과된다. 이 외에도 체납세액이 늘어나게 되면 각종 금융거래를 제한받을 수 있기 때문에 폐업을 할 때에는 반드시 신고를 해야 한다.

폐업신고는 간단하다. 폐업신고서를 작성하여 사업자등록증과 함께 관할 세무서에 제출만 하면 된다. 또는 부가가치세 확정신고서에 폐업연월일 및 사유를 기재하고 사업자등록증을 첨부하여 제출하면 폐업신고서를 제출한 것으로 본다.

사업을 폐업하는 경우에는 폐업일이 속하는 달의 말일로부터 25일 이내 과세기간 개시일(1월 1일 또는 7월 1일)부터 폐업일까지의 부가가치세 확정신고를 이행해야 한다. 만약 다음 달 25일까지 부가가치세 확정신고를 이행하지 못하면 부가가치세를 기한 후 신고할 수 있으나 신고불성실가산세(20%) 부과 등의 불이익이 발생한다.

사업이 계속되는 경우 과세기간은 6월 단위이므로 과세기간 종료일인 6월 30일 또는 12월 31일까지 부가가치세를 과세기간 종료일로부터 25일 내에 신고납부해야 한다. 그러나 사업이 여의치 않아 폐업한 경우에는 폐업일이 과세기간 종료일이 되므로 폐업일까지의 부가가치세를 폐업일이 속하는 달의 말일로부터 25일 이내에 신고납부해야 한다. 폐업 시 남아 있는 재고자산(상품이나 제품), 감가상각자산(건물이나 기계) 등은 자기 자신에게 공급한 것으로 보기 때문에 다음 표를 과세표준으로 공급가액의 10%에 해당하는 부가가치세를 납부한 후 처리해야 한다.

| 간주시가 계산방법 |

구분	간주시가(과세표준)
건물, 구축물	취득가액 x (1-5% x 경과된 과세기간수)
기타의 감가상각자산	취득가액 x (1-25% x 경과된 과세기간수)

그 외에도 개인사업자는 종합소득세, 법인사업자는 법인세를 추가로 납부해야 한다. 폐업 시 세금 외에 폐업사실증명서를 국민연금관리공단이나 국민건강보험공단에 제출해야 보험료가 조정되어 불이익을 받지 않는다. 폐업사실증명서는 폐업신고를 한 관할 세무서에서 쉽게 발급받을 수 있다.

한 가지 더!

● 폐업신고를 하지 않는 경우

사업의 경영주체만 바뀌는 사업의 포괄양수도에 대해서는 부가가치세 납부의무가 없다. 포괄양수도란 사업에 관한 모든 권리와 의무를 포괄적으로 승계하는 것으로 이 경우 세금계산서를 교부하지 않아도 되며 부가가치세과세 대상도 아니다. 단, 사업양수도 계약서를 관할 세무서에 제출해야 한다.